*Querido(a):*

*Eu, Lucas, Rafael, e demais espíritos, desejamos a você que comprou este livro, muita alegria, sabedoria, aprendizado, autoconhecimento, paz, equilíbrio, e que a mensagem por eles trazida, conforte seu coração e preencha qualquer dúvida em relação à vida eterna. Que a felicidade seja parte de sua vida todos os dias.*

"Recomendo a leitura do escritor Osmar Barbosa; ele consegue nos transmitir ensinamentos espíritas de forma simples e objetiva. Traduz, através das linhas escritas, ensinamentos fundamentais para quem deseja saber um pouco mais sobre a vida nos planos espirituais e, tudo isso, em uma linguagem compreensiva a todos aqueles que necessitam de conforto e que desejam modificar suas vidas aprendendo a se tornar um Ser melhor.

Leiam os livros psicografados por ele!

Uma leitora..."

*pelo Espírito* RAFAEL

# Um Obsessor no Centro Espírita

Book Espírita Editora
*1ª Edição*
| Rio de Janeiro | 2024 |

OSMAR BARBOSA

**BOOK ESPÍRITA EDITORA**

**Capa**
Marco Mancen

**Projeto Gráfico / Diagramação**
Alone Editorial

**Imagens capa e miolo**
Depositphotos

**Revisão**
Camila Coutinho

**Marketing e Comercial**
Michelle Santos

**Pedidos de Livros e Contato Editorial**
comercial@bookespirita.com.br



Região Oceânica, Niterói,
Rio de Janeiro.

1ª edição
**Prefixo Editorial:** 991053
*Impresso no Brasil*

**Dados Internacionais de Catalogação na Publicação (CIP)**
**(Câmara Brasileira do Livro, SP, Brasil)**

Barbosa, Osmar
Um obsessor no centro espírita / Osmar Barbosa. -- Niterói, RJ : Ed. do Autor, 2024.

ISBN 978-65-89628-47-7

1. Doutrina espírita 2. Espiritismo 3. Mediunidade 4. Obsessão (Espiritismo) I. Título.

24-194491 CDD-133.9

**Índices para catálogo sistemático:**

1. Obsessão espiritual : Doutrina espírita 133.9

Aline Graziele Benitez - Bibliotecária - CRB-1/3129

# *Outros livros psicografados por Osmar Barbosa*

*Cinco Dias no Umbral*

*Gitano – As Vidas do Cigano Rodrigo*

*O Guardião da Luz*

*Orai & Vigiai*

*Colônia Espiritual Amor e Caridade*

*Ondas da Vida*

*Antes que a Morte nos Separe*

*Além do Ser – A História de um Suicida*

*A Batalha dos Iluminados*

*Joana D'Arc – O Amor Venceu*

*Eu Sou Exu*

*500 Almas*

*Cinco Dias no Umbral – O Resgate*

*Entre nossas Vidas*

*O Amanhã nos Pertence*

*O Lado Azul da Vida*

*Mãe,Voltei!*

*Depois*

*O Lado Oculto da Vida*

*Entrevista com Espíritos – Os Bastidores do Centro Espírita*

*Colônia Espiritual Amor e Caridade – Dias de Luz*

*O Médico de Deus*

*Amigo Fiel*

*Impuros – A Legião de Exus*

*Vinde à Mim*

*Autismo – A escolha de Nicolas*

*Umbanda para Iniciantes*

*Parafraseando Chico Xavier*

*Cinco Dias no Umbral – O Perdão*

*Acordei no Umbral*

*A Rosa do Cairo*

*Deixe-me Nascer*

*Obssessor*

*Regeneração – Uma Nova Era*

*Deametria – Hospital Espiritual Amor e Caridade*

*A Vida depois da Morte*

*Deametria – A Desobsessão Modernizada*

*O Suicídio de Ana*

*Cinco Dias no Umbral – O Limite*

*Guardião – Exu*

*Colônia Espiritual Laços Eternos*

*Despertando o Espiritual*

*Por que Você Morreu?*

*Aconteceu no Umbral*

*O Diário de um Suicida*

*Superior Tribunal Espiritual*

*Um Espírita no Umbral*

*Bem-vindo ao Umbral*

*O Diário de um Morto*

*Exilados do Planeta Terra*

*Um Espírita no Umbral*

*A Garota do Balão*

*O Outro Lado da Vida*

*O autor doou todos os direitos desta obra à Fraternidade Espírita Amor e Caridade. www.hospitalamorecaridade.org*

*Conheça um pouco mais de Osmar Barbosa:* ***www.osmarbarbosa.com.br***

Recomendamos a leitura dos
outros livros psicografados por
Osmar Barbosa para maior
familiarização com os Espíritos
que estão neste livro.

O Editor.

# Agradecimentos

*Agradeço primeiramente a Deus por conceder a mim esse verdadeiro privilégio de servir humildemente como um mero instrumento dos planos superiores.*

*Agradeço a Jesus Cristo, espírito modelo, por guiar, conduzir e inspirar meus passos nessa desafiadora jornada terrena.*

*Agradeço ao Lucas, ao Rafael e aos demais espíritos, ao lado dos quais tive a honra e o privilégio de passar alguns dias psicografando este livro. Agradeço, ainda, pela oportunidade e por permitirem que essas humildes palavras, registradas nesta obra, ajudem as pessoas a refletirem sobre suas atitudes, evoluindo.*

*Agradeço também a minha família, pela cumplicidade, compreensão e dedicação. Sem vocês ao meu lado, me dando todo tipo de suporte, nada disso seria possível.*

*E agradeço a você, leitor amigo, que comprou este livro, e, com a sua colaboração, nos ajudará a levar a Doutrina Espírita e todos os seus benefícios e ensinamentos para mais e mais pessoas.*

*Obrigado!*

*A todos, os meus mais sinceros agradecimentos.*

*Osmar Barbosa*

# Quem é Osmar Barbosa?

## Um pouco da minha história.

Sou médium, dirigente, expositor, mas, acima de tudo, humano!

Cresci em São Gonçalo, no Rio de Janeiro, onde tive minhas primeiras experiências mediúnicas. Ainda na infância, tive a oportunidade de conviver com uma pessoa maravilhosa, que, na Terra, foi a minha mãe, Aurora Barbosa.

Com ela, aprendi a ser gente, amar as pessoas e valorizar tudo e todos. Acho que aprendi também a ser simples em minha maneira de observar o mundo.

De formação católica, conheci a Doutrina Espírita por orientação de companheiros espirituais, tendo ingressado no movimento espírita em 1987, no Grupo Espírita Frei Fabiano de Cristo, dirigido pela saudosa amiga Carolina Araújo.

Mais tarde, fundei a Casa Espírita de Oração Luz do Oriente, hoje chamada Fraternidade Espírita Amor e Caridade, onde no momento atuo como presidente em Itaipu, Niterói, Rio de Janeiro, desenvolvo atividades mediúnicas e auxilio na administração das obras sociais.

Sou comprometido com o ideal espírita, perfeitamente humano e cheio de perguntas para as quais não tenho respostas, embora tenha muitas respostas para perguntas que nunca formulei.

Adoro ser humano, bater um bom papo, ser amigo, rir, viajar e me divertir com a minha família.

Não sou obcecado por trabalho.

Acho que precisamos de um tempo para curtir a vida, o mundo e as pessoas. O planeta Terra é muito bonito, e precisamos ter um tempo à disposição para apreciar o mundo e suas experiências.

Adoro respirar ar puro e ouvir MPB. Curto muito cinema, principalmente drama, comédia e suspense.

Gosto de experimentos culinários e uma boa praia. Sou apenas humano, como você e muita gente boa por aí. Adoro ficar em casa com a minha família e os meus cinco filhos. Curto muito o meu lar, as minhas netas e os amigos.

Eu nunca pensei que chegaria onde estou, pois a vida não foi fácil no começo. Tive perdas que foram muito difíceis de superar, mas sempre me reinventei nos momentos mais difíceis e acho que ainda me reinvento diariamente para sobreviver e aprender com tudo e todos que se relacionam comigo nesta vida.

Sou estudioso da mediunidade e defendo a mediunidade séria em todos os sentidos, pois tenho convicção que o dom da mediunidade é algo muito especial, e especialmente deve ser exercido.

Aprendi com meus mentores que a "mediunidade é um dom divino, e divinamente devemos exercê-la".

Todos os dias aprendo com meus mentores espirituais e com os acontecimentos que a vida me traz, pois sei que nada que me acontece é por acaso. Tudo o que chega até mim traz um ensinamento, até mesmo aquilo que, em alguns momentos, acho ser ruim.

Assim, minha vida está sempre em transformação, pois coloco em prática tudo o que aprendo com a Espiritualidade que me assiste. Sempre exteriorizo todos os ensinamentos que minha religião me traz, pois sei que, se não tiver a bondade, a capacidade e o amor de compartilhar tudo o que aprendo, quando eu deixar a vida humana, todo o meu esforço terá sido em vão, visto que meu aprendizado morrerá comigo. Por isso, partilho o tempo todo tudo o que sei e aprendo em minha vida, seja na vida mediúnica, seja na vida de humano.

Aprendi que muitas vezes não serei compreendido e aceito por acreditar no que acredito, mas devo ter a sabedoria de entender que nem mesmo Jesus teve uma tarefa fácil quando esteve entre nós.

No mais, quero viver todas as experiências possíveis e extrair delas a minha evolução, que é pessoal e intransferível.

Este sou eu!

“

*A vida não se resume a esta vida…*

”

*Nina Brestonini*

# Sumário

“

*Todos os dias recebemos uma página em branco no livro da vida. O que você está escrevendo?*

”

Osmar Barbosa

# Prefácio

Era para ser mais um dia normal em minha vida. Porém, como sempre, fui surpreendido por espíritos que me escolheram para uma missão. Aquela tarde não foi diferente; aconteceram coisas que, confesso, chego a ter dificuldades para explicar.

Estava em meu escritório trabalhando em uma palestra solicitada pelo centro espírita – o qual havia me convidado para me apresentar, quando, inesperadamente, meus ouvidos começaram a zunir como se fossem explodir.

Os zunidos eram tão fortes que tive de parar tudo o que estava fazendo e colocar minhas duas mãos sobre os meus ouvidos na tentativa de amenizar a dor que instantaneamente surgiu em minha cabeça.

Sempre ouço esses zunidos e sei muito bem o que isso significa. Já sei... vocês ficaram curiosos para saber o que os zunidos nos ouvidos significam, não foi?

Pois bem. Explicarei para vocês o significado da maioria dos zumbidos que ouvimos, e também se esse acontecimento é físico ou espiritual.

Vamos lá:

Também conhecido por *tinnitus*, o zumbido no ouvido consiste em um som ou um barulho incômodo, ouvido com certa frequência, que pode se manifestar na forma de chiados, apitos, estalos, cliques ou aquele som de uma cigarra ou zunido.

Você pode apresentar um zumbido no ouvido ao se deitar, ao se abaixar ou quando está em silêncio total, por exemplo. Há várias formas de esse fenômeno se apresentar em sua vida, e é importante estar atento ao modo como ele se manifesta, à sua frequência e também aos possíveis sintomas associados.

No aspecto espiritual, as frequências do ruído são um chamado à sua atenção – por exemplo, as de tom mais alto são positivas, provocam uma sensação de calma e alegria e significam que alguém está pensando em você de uma forma boa. Já as mais baixas se referem a sensações perturbadoras e até autodestrutivas, que trazem maus fluidos. Ter a habilidade de percebê-las pode te auxiliar a se afastar e se defender delas.

As formas de manifestação espiritual têm significados distintos, e até mesmo o lado no qual o zumbido é predominante indica algo específico. É o que você verá a seguir.

Zumbido no ouvido esquerdo: do ponto de vista clínico, basicamente não há diferença entre um lado ou outro do ouvido com relação ao zumbido. Já nas questões espirituais, o zumbido no lado esquerdo pode se referir a algo negativo.

Mas tudo também dependerá da altura da frequência. Mas, por norma, pode ser um alerta dos seus guias espirituais, podendo ser um sinal de aproximação de algum obsessor ou espírito que lhe deseja fazer o mal. Logo, tenha cuidado e se prepare para atravessar momentos de adversidade. Foque também nas coisas positivas, fazendo o bem, pois o Universo tende a retornar o que fazemos. Fazendo coisas boas e positivas, a evolução espiritual encontra o caminho para acontecer. O hábito de fazer, participar ou promover coisas boas, afasta automaticamente esses espíritos de nós.

Zumbido no ouvido direito: ao contrário do zumbido no lado esquerdo, aqui temos uma relação com energias positivas vindo em sua direção. Dependendo da frequência, as coisas tenderão a dar certo em sua vida. O nosso lado direito é mais intuitivo e criativo, então essa pode ser uma das razões pelas quais as frequências mais altas são captadas pelo ouvido direito. Não se preocupe se você é destro ou canhoto, isso não influencia nos sintomas. A regra vale tanto para um quanto para o outro.

Causas do zumbido no ouvido: no sentido espiritual, o zumbido no ouvido é um chamado para o despertar da clariaudiência, podendo estar relacionado com as seguintes razões:

Evolução espiritual

Alerta de algum espírito invasor ou alma negativa se aproximando prestes a te atacar; Despertar da mediunidade; Sinais do Universo sobre trabalhos contra você, tais como goécia, magia ou mau-olhado; Tentativas de mensagem de algum falecido ou de espíritos tentando se utilizar de sua mediunidade para se comunicar.

É preciso descartar qualquer problema físico, já que as causas clínicas são variadas: excesso de cera, doença de Ménière, lesões do ouvido, desvios de coluna, diabetes, disfunção temporomandibular, danos a algumas células sensoriais, tumores que podem comprimir o nervo auditivo, doenças cardíacas, entre outros. Sem falar nas causas psicológicas, como depressão e estresse – aliás, é bastante comum ter zumbido no ouvido causado por ansiedade ou distúrbios mentais (intelectuais), ou neurológicos.

Mas o que fazer ao sentir zumbido no ouvido?

Em primeiro lugar, não se desespere nem tire conclusões precipitadas, achando não haver cura para o zumbido no ouvido. Procure se acalmar, pois o estresse pode piorar o problema. Procure um médico – nesse caso, um otorrinolaringologista, que fará uma avaliação, podendo pedir exames ou mesmo receitar algum remédio para o zumbido.

Como se trata de um sintoma, é imprescindível entender o que o está causando. Nem sempre a causa tem origem em um problema propriamente auditivo. Nesse caso, pode ser necessário buscar outros especialistas, como neurologista, endocrinologista, psiquiatra e/ou dentista.

O zumbido nem sempre é algo sério, mas, se os sintomas se prolongam por vários dias, ou se o zumbido for algo frequente, é hora de buscar ajuda. Outras razões para se atentar são: piora drástica na qualidade de vida, percepção de alguma perda auditiva, plenitude aural (sensação de ouvido entupido) recorrente, tonturas ou vertigens.

Também é preciso analisar as condições emocionais, exposição a ruído intenso, traumatismo craniano, déficit neurológico focal, perda de movimento, função ou sensação em uma área específica do corpo.

*Muito além do físico*

Se você tem uma percepção de espiritualidade forte na vida, busque meditar e estar em contato com a natureza, por ter propriedades curativas. Fique também atento ao tipo de barulho que você ouve, para tentar captar se são boas ou más energias.

Espiritualmente, há algumas formas de melhorar ou até mesmo curar o zumbido. A primeira coisa a fazer é procurar ajuda espiritual através da meditação, banhos de limpeza espiritual, rituais de cura e equilíbrio, além de cuidar do desenvolvimento da mediunidade, um dos fatores mais recorrentes do distúrbio do apito nos ouvidos.

É bom lembrar que todos os médiuns estão propensos a ouvir esses apitos. Isso se dá pela aproximação dos espíritos comunicantes quando se aproximam dos nossos corpos espirituais.

Por estarmos em planos espirituais diferentes, cada um carrega um fator energético peculiar ao ambiente em que vive, por isso, ao buscar pelos médiuns para estabelecer uma comunicação, os espíritos adentram nos campos energéticos do médium, causando o apito, como sinal de que alguém com energia diferente está se aproximando do nosso campo energético.

Não devemos nos assustar com esse sinal. Na verdade, devemos agradecer ao alerta que nosso perispírito emite, nos mostrando, através do sinal sonoro, os riscos iminentes.

Basta cuidar para se proteger.

Após alguns segundos segurando a minha cabeça com as duas mãos e mantendo os meus olhos fechados, percebi que eu já não estava mais em meu escritório.

Confesso que fiquei extremamente surpreso com essa forma de mediunidade que, repentinamente, desabrochou em mim.

Sempre que sou convidado pelos meus mentores para escrever os livros, os faço em desdobramento, como explicarei melhor nas linhas seguintes. Mas, dessa vez, como fui levado diretamente ao plano espiritual, me surpreendi bastante. O que eu nem imaginava naquele momento era que as surpresas só estavam começando.

Foi quando, de repente, eu ouvi o Lucas – e estranhei bastante o que estava acontecendo comigo naquele momento, porque eu nunca tinha ouvido espíritos, mas, dessa vez, eu ouvi claramente... e ele disse:

– Osmar, mantenha-se calmo.

Olhei ao meu redor e vi que não estava mais na minha sala, e sim em uma sala daquelas que costumo visitar nos postos de socorro do Umbral.

Não respondi ao Lucas naquele instante. Apenas procurei me acalmar e seguir as orientações dele, esperando pelos acontecimentos ou pela presença do mentor espiritual.

O que será que o Lucas queria comigo me levando para o plano espiritual daquela forma?

Permaneci calado à espera do instrutor.

Reparei que naquela minúscula sala havia uma mesa com seis cadeiras ao redor dela, o que me dava a sensação de estar em um ambiente pequeno, muito pequeno.

Resolvi me sentar e me refazer do susto que havia levado até aquele momento.

Alguns segundos se passaram até que a porta se abriu e, finalmente, o Lucas apareceu para mim.

Ao seu lado, estava um rapaz de uns vinte e poucos anos. Era alto, pardo, de cabelos curtos, lábios grossos e dentes brancos.

Simpático, o rapaz olhou para mim sorrindo, como se me cumprimentasse com aquele lindo sorriso.

– Olá, Osmar!

– Oi, Lucas!

– Posso me sentar? – perguntou o mentor.

– Claro, desculpe-me.

Lucas mostrou uma cadeira ao jovem, e se sentou ao meu lado. O rapaz se sentou à minha frente.

– Como você está?

– Sobrevivendo, Lucas.

– Sobreviva o tempo necessário para cumprir sua tarefa terrena.

– O que você quer dizer com isso?

– Que você deve aproveitar cada segundo da sua encarnação e extrair dela tudo o que puder para se tornar melhor, por isso, aproveite-a.

– Entendi.

– Osmar, quero te apresentar a um amigo.

Naquele momento, olhei novamente para o rapaz que estava sentado à minha frente, mas me mantive calado.

– Esse é o Rafael.

– Muito prazer, Rafael! – disse.

– Eu é que estou feliz em te conhecer, Osmar.

– Sério?

– Sim. O Lucas está mentoreando temporariamente a minha caminhada aqui em Amor e Caridade, e ele sempre me fala de você.

Quase enfartei com aquela notícia… confesso que não consegui disfarçar a minha surpresa após aquela informação.

– O que houve? – perguntou ele.

– Fiquei emocionado com o que você disse.

Lucas olhou para mim carinhosamente e falou:

– Não fique assim, Osmar, como sempre digo a você: escreva, Osmar, escreva… o mais importante é que você entenda a sua missão de encarnado e que a exerça da melhor maneira possível. E, olha, nós estamos ao seu lado para lhe ajudar.

– Sem palavras, Lucas.

Lucas, então, prosseguiu…

– Osmar, o Rafael está conosco há algum tempo, e já está na hora de ele começar a contar para você e para todos tudo o que ele aprendeu em algumas de suas encarnações, através dos livros que ele irá repassar a você.

– Vou escrever com você, Rafael?

– Se você me permitir.

– Lucas, você disse "livros"?

– Sim… livros.

– O Rafael é mais um espírito que usará da minha mediunidade para escrever os livros, é isso, Lucas?

– Sim, Osmar.

Assustado com aquela informação, falei:

– Que honra poder ser útil, meu nobre mentor – disse a Rafael .

– Não precisa me chamar de mentor, pois ainda não me sinto assim. Estou em treinamento e aperfeiçoamento. Ainda tenho algumas deficiências e reflexos naturais trazidos da minha última estada no plano físico.

– Como te chamarei, então?

– Rafael, somente Rafael.

Lucas interferiu em nossa conversa para nos dar mais um ensinamento.

– Osmar, o fato de o espírito desencarnar não o faz virar um anjo ou um demônio. Pelo contrário, ao chegarmos à vida espiritual, potencializamos ainda mais aquilo que carregamos em nosso coração no momento em que deixamos a vida terrena. Isso acontece logo que o espírito desencarnado toma consciência de si na vida espiritual e percebe que não houve nenhuma punição ao chegar à vida eterna.

Na verdade, não há nenhuma punição pelo fato de o espírito ter praticado atos contrários às Leis Divinas ou àquilo que ouvimos por séculos nos cultos evangélicos, nas reuniões mediúnicas ou nos ensinamentos católicos. Sendo assim, o fato de estar desligado da matéria, na maioria das vezes, só potencializa aquilo que tens em ti.

Se és bom, serás um espírito bom, auxiliando o Criador na evolução das criaturas; do contrário, tenderás a unir-se a falanges de espíritos que desperdiçam sua evolução destinando sua condição espiritual a vingar-se daqueles que, em algum momento, os fizeram sofrer. Assim, engrossam as legiões de obsessores que, nesse momento, influenciam outros espíritos em um grau superior ao normal nos processos obsessivos.

– O que você quer dizer com isso, Lucas?

– Quero dizer apenas que se você é uma boa pessoa, provavelmente a bondade que carregas dentro de si será potencializada, e o mesmo acontece com aqueles que são maus.

– Meu Deus, Lucas! Mas você disse que, nesse momento, a influência dos obsessores está acima do normal em nosso planeta.

– Sim, eu disse. E é sobre isso que o Rafael irá falar neste livro.

– Serei seu lápis, Rafael – disse olhando para o rapaz.

– Osmar, lembre-se sempre de que a vida espiritual é muito semelhante à vida terrena, ou seja, tudo o que tens lá, temos aqui. Acontece que estando encarnado, o espírito duvida da continuidade da vida após o desencarne, mas, estando aqui, ele tem certeza de que a vida continua após a morte, e, para alguns, infelizmente essa descoberta é maléfica.

– Entendi perfeitamente, Lucas, e te agradeço por essas palavras.

– Foi justamente por isso, Osmar, que eu te disse que ainda não estou totalmente recuperado da minha última estada na encarnação... além, é claro, do longo período que passei no Umbral. Mas isso tudo vou te contar em detalhes – disse Rafael.

– Para podermos escrever, Rafael, é necessário que eu te apresente aos nossos amigos e leitores.

– Estou pronto para te contar a meu respeito. Fique tranquilo, pois vamos conversar muito.

– Lucas, posso te perguntar uma coisa?

– Sim, claro.

– Por que fui trazido para cá dessa forma?

– Que forma?

– Quando vocês querem escrever ou enviar alguma mensagem através da minha mediunidade, vocês me procuram e me propõem essa tarefa, mas, dessa vez, foi tudo diferente... aliás, muito diferente.

– Rafael e eu acentuamos em você a mediunidade de clarividência.

– Peraí... me explica isso melhor. Como assim, vocês acentuaram minha mediunidade?

– Já faz alguns dias que estamos ao seu lado trabalhando esse tipo de mediunidade em você, Osmar. Precisamos acentuá-la para atingirmos o nosso objetivo.

– Há dias? Como assim, Rafael? E, me perdoem, meus amigos, mas qual é o objetivo de vocês em acentuarem em mim esse tipo de mediunidade?

– Algumas noites atrás, Osmar, você e sua esposa acordaram no meio da madrugada com vultos em seu quarto, você se lembra?

– Sim, eram vultos escuros, e nos assustamos muito.

– Não deixamos transparecer nossa luz para não acordar vocês – disse Lucas.

– Então, eram vocês?

– Sim, estávamos trabalhando em seu psiquismo para aperfeiçoá-lo no uso da clariaudiência e da clarividência.

– Peraí, deixe-me explicar aos nossos leitores qual é a diferença entre clarividência e clariaudiência, pode ser?

– Se você não se importar, Osmar, eu mesmo gostaria de explicar a você e aos nossos leitores a respeito desses tipos de mediunidade, tudo bem?

– Perdoe-me, Rafael, eu só quero ajudar.

– Não peça perdão, escreva!

– Você também?

Rimos juntos, pois, sempre que peço perdão, os espíritos me dizem para escrever...

– Meus amigos, vocês poderiam me explicar sobre esse processo e por que vocês precisam fazer isso em um médium? Por que agora necessito desses tipos de mediunidade?

– Sim, claro. Explique, por favor, Rafael – recomendou Lucas.

– Pode deixar. Osmar, todos os seres encarnados respiram na onda do psiquismo. Estamos falando da evolução do cérebro... você sabia disso?

– Já estudei um pouco sobre isso e ouvi uma frase perfeita dita por Joanna de Ângelis.

– E qual é a frase dela?

– *"O psiquismo dorme no mineral, sonha no vegetal, sente no animal, pensa no homem."* (Joanna de Ângelis)

– Perfeito. Como podes notar, toda conquista espiritual está relacionada diretamente às experiências terrenas e psíquicas.

– Sim, aprendi estudando sobre o tema que estamos em constante evolução espiritual.

– Todos os seres vivos respiram na onda do psiquismo dinâmico que lhes é peculiar. Para que eu possa me comunicar com você é imprescindível que você tenha um tipo de mediunidade específica, que é a que mais usarei com você nessa psicografia.

– Por isso as visitas?

– Sim, é preciso que a gente estabeleça um tipo de onda mental assimilada para que, juntos, possamos cumprir nossos propósitos.

– O Lucas te ensinou tudo isso, Rafael?

– Sim, ele é meu mestre, meu professor, além, é claro, de um grande amigo.

– Afinal, que tipo de mediunidade preciso ter para trabalhar com você?

– A mediunidade de clariaudiência; embora também usemos a de clarividência, pois, algumas coisas, eu simplesmente vou te mostrar de uma forma diferente a do desdobramento.

– Você poderia nos explicar que tipo de mediunidade é essa e por que preciso tê-la. O certo não seria eu já ter nascido com ela, uma vez que agora você precisa desse tipo para se comunicar? Acho que já está mais do que na hora dos nossos leitores aprenderem um pouco mais com vocês.

– A clariaudiência, Osmar, é a capacidade que alguém tem de ouvir sons, ruídos, palavras e vozes, sem a utilização dos ouvidos físicos. Ou seja, a clariaudiência transcende à percepção da audição pertencente aos cinco sentidos, e se passa no plano espiritual. Como as emissões sonoras da clariaudiência não são captadas pelos órgãos auditivos físicos, o médium sempre fica com a impressão de estar ouvindo diretamente no cérebro. Essa mediunidade nasceu com você, mas acontece que precisamos acioná-la e aperfeiçoá-la para a tarefa exigida. Em algumas páginas desta obra, você não estará desdobrado; vou me comunicar com você por meio desse tipo de mediunidade.

– Então foi por isso que ouvi aquele apito ensurdecedor antes de ser trazido para cá?

– Na verdade, era um teste para sabermos se você já estava pronto.

– Pronto? Como assim?

– Durante algum tempo, Osmar, nós trabalhamos no seu corpo psíquico aperfeiçoando-o para o exercício dessa qualidade mediúnica, como foi dito antes – disse Lucas.

– Concluo, então, que algumas aparições que talvez possam se mostrar como espíritos trevosos, na realidade, podem ser de espíritos como os de vocês que simplesmente não querem nos atrapalhar.

– Não se julga um livro pela capa, nem um perfume pelo frasco, não é mesmo, Osmar?

– Sim, Rafael. Nosso problema é que sempre levamos tudo para o lado ruim. Eu já estava até preocupado com essas aparições em minha casa. Já estava providenciando um defumador.

Risos...

– Não se preocupe com isso. Se, algum dia, algum espírito te atormentar, é porque nos afastamos de você – disse Lucas entrando novamente na nossa conversa.

– Obrigado, meus amigos! Espero sinceramente que vocês nunca se afastem de mim.

– O que nos afasta daqueles que escolhemos para a tarefa mediúnica são atributos como o comportamento e a moralidade. Nós nunca nos afastamos daqueles que se mantêm em vigilância e conscientes da tarefa que temos a realizar. Se, um dia, você vier a exercer a sua mediunidade da forma errada, nós seremos os primeiros a te alertar, e, se após o alerta, você insistir no erro, também seremos os primeiros a te abandonar. Nossa missão entre os encarnados é a de auxiliá-los a evoluir; não somos empregados de nenhum médium, muito menos, de algum ritual. Não estamos à venda, nem negociamos com nada que pertença ao mundo dos encarnados, exceto o amor.

– Obrigado, Rafael, por sua explicação. Espero que essa nossa conversa seja útil a outros médiuns. Agora você poderia nos explicar sobre a clarividência?

– A clarividência é a capacidade que alguns médiuns têm de ver e sentir os espíritos, além de poder enxergar coisas que um vidente, por exemplo, ainda não está capacitado a enxergar.

– É uma visão espiritual aperfeiçoada?

– É possível dizer que sim, pois o clarividente pode ver e sentir muitas formas espirituais, além de conseguir enxergar com clareza os campos espirituais dos encarnados e dos espíritos, podendo, assim, qualificá-los conforme sua aura e luz.

– Sem palavras para te agradecer, Rafael.

– Precisamos mostrar para você e para os seus leitores a verdade que muitos escondem e têm medo de contar, Osmar.

– Agradeço a cada linha, a cada ensinamento, e a cada mensagem como essa. Aprendo sempre com as psicografias, e transmito tudo o que vocês me ensinam a todos aqueles que me procuram pedindo orientações e ajuda.

– Aja sempre dentro dos limites, pois, como sabes, há limites em tudo o que vocês fazem no exercício da mediunidade.

– Essa é e sempre será a minha preocupação, o meu comportamento, e o meu comprometimento nessa relação. Devemos sempre respeitar o desconhecido. Tratar a mediunidade com o respeito que ela merece, e fugir das armadilhas que ela própria nos impõe diante do grande desafio evolutivo.

– Deixe-me te dar alguns conselhos, pode ser?

– Por favor.

– Há momentos em que nos afastamos completamente dos fracassos comuns no exercício mediúnico, Osmar. A maior dificuldade que encontrarás em sua caminhada mediúnica será manter-se distante das tentações que a própria mediunidade impõe a vocês. Ajam sempre focados na disciplina e no estudo, por serem essas as ferramentas que lhes assegurarão ao nosso lado – disse Lucas entrando novamente em nossa conversa.

– Obrigado por suas orientações, Lucas. E quando começarei a te conhecer, Rafael? Afinal, é o nosso primeiro encontro e vamos escrever este livro juntos.

– Podemos dedicar o primeiro capítulo desta obra para que você possa me apresentar aos seus leitores, o que achas?

– Estou curioso para saber mais sobre você.

– E eu estou ansioso para te contar.

Lucas permanecia ao nosso lado observando o seu pupilo.

– Meus amigos, posso saber qual é o título deste livro? Que tema iremos abordar nesta psicografia?

– O livro pode se chamar *Um Obsessor no Centro Espírita*, o que achas?

– Lindo título... foi você quem escolheu, Rafael?

– Aceitei a sugestão de Lucas.

– Um belo título… já estou curioso para saber tudo.

– Nossa intenção consiste em alertar os trabalhadores dos centros espíritas por meio desta obra. Que ela sirva de material de estudos às casas espíritas, pois elas estão tão necessitadas de esclarecimentos acerca do momento atual ao qual todos vocês vivem – disse Lucas.

– É uma história real, Rafael?

– Sim, eu mesmo a vivi.

– Quando estava encarnado?

– Não, eu já estava desencarnado quando tudo isso aconteceu.

– E você trabalhava nesse centro espírita?

– De certa forma, sim.

– E o que você fazia lá?

– Era um obsessor e passei algum tempo nesse centro espírita.

– Sério?

– Sim, Osmar. Rafael é um exemplo a ser seguido. Ele vai te revelar uma linda mensagem, que traz luz a todos que estão em provas dificílimas – afirmou Lucas.

– Há um horizonte para todos os espíritos. Deus, em sua infinita bondade e amor, não descuida de nenhum de seus amados filhos, porém, são as provas que lhes permitem aperfeiçoarem-se para, um dia, desfrutarem das benesses do sacrifício evolutivo.

Todos vocês que estão envolvidos, direta ou indiretamente, com as casas espíritas que trabalham ou se relacionam de alguma forma conosco, devem saber que há muitos mistérios que envolvem um centro espírita e tudo o que está relacionado às tarefas da casa espírita. Há muita coisa que acontece e que, muitas vezes, por falta de amor e empatia, leva a instituição à derrocada, e isso acontece com muita frequência, escurecendo muitas casas de luz.

A primeira lição que queremos deixar é a do respeito ao desconhecido, pois, infelizmente, muitos dirigentes, médiuns, tarefeiros, e trabalhadores das casas espíritas, estão perdendo o rumo, estão perdidos em seus egos e nos achismos muito frequentes nas sessões mediúnicas. O animismo exacerbado se estabelecendo como verdade mediúnica, e, isso, afasta os benfeitores espirituais de suas tarefas evolutivas.

Há de haver o dia em que essa religião – a qual é a promessa do Messias, poderá se perder nos labirintos da mentira, da enganação e do charlatanismo, e a nossa tarefa é a de alertá-los para os desafios em que se encontram centenas de instituições que, embora tenham a nobre tarefa de auxiliar a humanidade a evoluir, estão perdendo o propósito e a direção, sendo atacadas por verdadeiras legiões de obsessores que não desejam a evolução dos seus, ou até mesmo por vingança daqueles que um dia os afastaram de suas vítimas e que sequer se preocuparam em colocar uma boa fechadura na porta de entrada espiritual do centro espírita.

Vocês precisam deixar a soberba de lado e vestirem-se com o véu da humildade e da simplicidade, porque aquele que declara que muito sabe, é, na verdade, um mentiroso, um verdadeiro enganador de pessoas de bem, pois o verdadeiro espírita é um eterno aprendiz e estudará para aprender a nunca cair nos erros mais comuns ao exercício da mediunidade.

– Estamos em busca da verdade, mesmo após o nosso desencarne, Osmar. Em razão de o absoluto ser intangível, inimaginável, soberano, onisciente, onipresente e imutável – disse Lucas.

– Meu Deus! – disse.

– Estamos realmente preocupados com os rumos incertos das comunicações mediúnicas. Há muita mentira. O animismo sobrepondo-se às comunicações que são sérias. O charlatanismo desvirtuando a nossa missão. Por mais que nos esforcemos para levar a verdade, a grande massa midiática exacerba todos os limites da compreensão e da bondade dos espíritos. Estamos muito próximos do caos espiritual, infelizmente – disse Rafael.

– Meu Deus! – disse, ainda mais assustado.

– Mas é tempo de reagir e de mostrar a todos que seguram a bandeira do espiritismo, que é possível vencer a batalha. Batalha esta, que começou quando os primeiros espíritos se manifestaram nas primeiras reuniões mediúnicas há alguns séculos. A luta do bem contra o mal nunca vai acabar, pois a imperfeição dos espíritos mantém acesa a fogueira da irresponsabilidade espiritual – disse Lucas.

– Médiuns assim como você são a nossa esperança – disse Rafael, se posicionando naquele momento.

Algumas lágrimas visitaram os meus olhos naquele instante. Quero deixar claro que, nas minhas psicografias, expresso sempre os meus mais sinceros sentimentos, e nunca aquilo o que eu acho ou o que podem achar de mim, pois me considero apenas um aprendiz à beira do caminho da grande estrada chamada evolução. Então, respondi aos espíritos:

– Agradeço sinceramente a confiança em mim depositada. Me esforço muito para manter de pé a honestidade mediúnica – coisa muito rara de se ver atualmente –, estou certo disso. Sofro horrores por me posicionar dessa forma. Nunca vou me entregar ao achismo ou àquilo que não sai do meu coração. Jamais os decepcionarei, senhores. Sou-lhes grato pelas oportunidades que tenho recebido e prometo nunca me desviar do caminho.

– Sabemos que a sua tarefa não é fácil, mas estaremos sempre ao seu lado para te defender dos algozes do amor... saiba disso, Osmar – disse Lucas.

– Confesso que não tem sido nada fácil seguir em frente. Faço o melhor que posso...

– Continue assim, pois, no final, você verá que o grande vitorioso é aquele que dedica a sua vida ao amor – disse Rafael.

– Não considero desistir, fiquem certos disso. Já me acostumei a receber críticas e ofensas, mas essas marcas são, na verdade, cicatrizes de um homem que sempre acreditou no amor.

– Queremos mostrar a todos vocês como alguns obsessores agem nos centros espíritas. Espero que a minha experiência possa auxiliar àqueles que lerem esta obra – afirmou Rafael.

– Se depender de mim, todos poderão ler estas linhas, Rafael.

– É preciso que vocês saibam exatamente o que tem acontecido na maioria dos centros espíritas atualmente – disse Lucas.

– Agradeço a você, meu mentor e amigo, por ser o escolhido para escrever essas linhas.

– Convide a todos para conhecer *Um Obsessor no Centro Espírita* – pediu Rafael.

– Estão convidados.

– Agora, comece a escrever.

– Deixa comigo!

Emocionados e felizes, começamos mais uma psicografia.

Sejam bem-vindos...

“

*A obsessão é o mal do século.*

”

*Rafael*

# O desdobramento

Como todos vocês sabem, meus leitores e amigos, todos os livros que escrevo, faço-os em desdobramento. Porém, nesta obra, utilizarei outros tipos de mediunidade, conforme fui informado pelo Lucas e pelo Rafael. Entretanto, como realmente a mais utilizada por mim ainda é o desdobramento, explicarei para você que chegou aqui pela primeira vez, um pouco mais sobre esse tipo de fenômeno, por ser exatamente dessa maneira que me conecto com os meus mentores e pela qual escrevo a maioria das obras já publicadas.

Em termos espíritas, o desdobramento é uma faculdade anímica na qual o espírito encarnado desliga-se parcialmente do seu corpo físico e viaja até os planos espirituais. Esse processo pode ocorrer com ou sem transe. É uma capacidade intrínseca ao ser humano, que, ao longo da evolução da espécie, desenvolveu a possibilidade de desembaraçar-se do corpo material, dentro de certos limites, adquirindo alguma sensação de liberdade.

A faculdade de desdobramento é muito utilizada nas reuniões mediúnicas modernas. Através da concentração dos pensamentos, o sensitivo entra em uma espécie de transe que possibilita esse desprendimento parcial do espírito, colocando-se em condições de exercer tarefas de auxílio, geralmente orientado pelos Espíritos Instrutores.

Dessa forma, ele é colocado, muitas vezes, em contato com espíritos sofredores, os quais necessitam de uma palavra amiga e consoladora, ou mesmo de um tratamento através das suas energias, as quais possuem uma densidade adequada a esse tipo de atendimento pela sua condição de encarnado, e também de escrever livros e mensagens de amigos do plano maior.

Apesar de muitos se referirem ao desdobramento como mediunidade, ele é um fenômeno anímico. Para usar o linguajar de Allan Kardec: é um fenômeno de emancipação da alma. A mediunidade se constitui numa intermediação entre os espíritos desencarnados e o mundo material. Desdobrar-se, grosso modo, significa "sair do corpo". Esse simples fato não o torna médium, se ele não se constitui em transmissor de qualquer informação enviada do plano espiritual para o ambiente terreno.

Pode ser considerado uma espécie de mediunidade quando o sensitivo, durante o desprendimento, mantém um contato com a Espiritualidade, recebendo de lá comunicações que devem ser enviadas aos encarnados. O desdobramento não ocorre apenas nas reuniões mediúnicas. É fenômeno corriqueiro e acontece com as pessoas, em geral, todas as vezes que dormimos.

Ele é o preâmbulo do sono. Quando o corpo adormece para o necessário repouso, o espírito, desligado parcialmente dele, vai a diversos lugares para realizar as atividades que estejam em afinidade com as suas motivações íntimas. Para que ele entre no estado de sono, antes, precisa desdobrar-se, ou seja, afastar-se vibratoriamente do corpo biológico.

Também a mediunidade, seja na modalidade de psicofonia, psicografia, audiência, vidência, desenho ou pintura, entre outras, exige um desdobramento. O médium possui em seu organismo a facilidade de, ao entrar em estado de transe, desvencilhar-se do seu corpo em maior ou menor grau, conforme as características da sua faculdade mediúnica. Isso ocorre a fim de dar ao espírito comunicante a oportunidade de assenhorear-se, por meio de uma expansão dada ao seu perispírito dos implementos perispirituais e, na sequência, cerebrais do médium.

O sonambulismo, bem como a dupla vista, a letargia, a catalepsia e o êxtase, todos eles classificados por Allan Kardec como fenômenos de emancipação da alma, têm o desdobramento como precondição para acontecerem. Às vezes, como a dupla vista, esse deslocamento do espírito (sempre com o perispírito) é imperceptível, mas suficiente para fazê-lo enxergar além da realidade física presente.

Há outras situações ainda em que o desdobramento ocorre: no coma, durante o uso de algumas drogas alucinógenas ou, ainda, em certos estados psíquicos classificados como catatonia, e outros em que há um alheamento do meio externo.

Deus, na sua sabedoria e bondade, concedeu ao homem a capacidade de vez ou outra, retemperar-se no mundo espiritual, através da faculdade do desdobramento. Assim, ele recobra parte das suas faculdades de espírito, como que descansando da rudeza da vida na matéria, além de absorver as energias mais sutis necessárias ao seu refazimento para a continuidade do aprendizado aqui na Terra.

Vivendo no ambiente terreno em meio às dificuldades e desafios diários, imerso na atmosfera densa da matéria, pode o homem aliviar-se dessas lutas, desacoplando-se temporariamente do organismo físico, retornando ao mundo espiritual e tendo o contato com espíritos esclarecidos que o orientam, a fim de direcionar-se melhor no caminho do progresso.

Sou eternamente grato por ter essa condição e, através dela, conseguir repassar a vocês as informações que constam nas obras psicografadas. Confesso que, por vezes, realmente me sinto como um lápis nas mãos dos espíritos, além de ser muito gratificante receber, diariamente, as mensagens de gratidão que recebo dos leitores por ser o mensageiro que instrui e esclarece a tantas pessoas o que de fato acontece conosco na vida após a vida.

Nesta obra, eu passei por momentos muito difíceis, pois os lugares aos quais visitei são de muito sofrimento, e confesso que ver o sofrimento alheio não é algo que me deixa feliz. Devemos sempre dedicar a nossa mediunidade e os dons oferecidos pelos mestres de luz, como forma de serem úteis à sociedade em geral e, dessa forma, cumprir com os propósitos encarnatórios.

Neste livro, conforme orientação do espírito Rafael, utilizei também a mediunidade de clariaudiência, e confesso que não foi muito fácil utilizá-la, assim como tudo é mais difícil no começo, mas estou me acostumando. A prática sempre traz a perfeição.

Acredito, sinceramente, que tudo o que passo na vida tem objetivos evolutivos; o fato de ser médium não me exime de passar por situações, às vezes, revoltantes, mas, são elas, as experiências de encarnado, que possibilitam e oportunizam a mim, evoluir.

Conforme o que foi dito por Lucas: “tudo o que nos acontece, tem um propósito”, portanto, aproveite cada situação para extrair dela a experiência necessária para que você possa se tornar um espírito melhor.

Vamos em frente em mais uma psicografia, na qual espero, sinceramente, que eu possa te auxiliar a evoluir.

Aproveite!

**Osmar Barbosa**

"

*O medo nos impede de transpor os nossos limites espirituais.*

"

*Osmar Barbosa*

# Rafael

Como lhes apresentei no capítulo anterior, Rafael é jovem, pardo, alto, cabelos curtos, lábios grossos e dentes brancos. Acredito que tenha, aproximadamente, vinte e cinco anos, e o que mais me chamou a atenção nele foram sua delicadeza e seu carisma ao se relacionar comigo.

Após a nossa conversa, na sala do posto de socorro, ele me convidou para caminhar ao seu lado nas escuras trilhas do Umbral. Repetindo um gesto sempre praticado por Lucas, naquele momento tive a certeza de que estava realmente ao lado de alguém que estava sendo orientado por ele.

Calados, Rafael, Lucas e eu caminhávamos um ao lado do outro. O silêncio era a nossa companhia.

Após alguns minutos...

– Osmar?

– Sim, Lucas.

– Gostaria que você fosse com o Rafael agora, pode ser?

– Claro que sim! Para onde iremos?

– Vamos caminhar mais e conversar, Osmar – disse Rafael se aproximando ainda mais de mim.

Paramos por alguns segundos, e Lucas me abraçou para nos despedirmos.

– Vá, Rafael, leve-o para que ele possa te conhecer melhor e para que também possa observar alguns lugares daqui.

– Deixa comigo!

Depois das despedidas, continuamos a nossa caminhada e, após andarmos mais alguns minutos, perguntei ao Rafael:

– Posso te fazer uma pergunta?

– Claro que sim!

– Aquele posto em que estávamos era realmente o posto de socorro de Amor e Caridade?

– Sim. É lá que concentramos boa parte de nosso trabalho. Como sabes, é o Lucas quem cuida de muitos infelizes irmãos que chegam àquela região de sofrimento. Admiro muito o trabalho do nosso amigo. Foi ele quem me socorreu quando eu estava aqui perdido em sofrimento e lamentando por tudo o que desperdicei em minha última encarnação.

– Vou te confessar uma coisa... acho que sou o maior admirador do trabalho do Lucas, além de ser grato, muito grato a ele por ter me escolhido como mensageiro. Já escrevi vários livros ao lado dele, mas tem um que é um grande sucesso, e é o meu livro mais vendido na atualidade. Ele traz uma mensagem muito edificante e reveladora.

– Qual é o livro?

– *Acordei no Umbral*.

– E o que está escrito nele? Agora até eu fiquei curioso...

– É sobre a história de um rapaz chamado Elias. Ele acorda aqui no Umbral e percebe que todo esforço dedicado ao centro espírita e à religião espírita não lhe qualificou para receber benefício algum por aqui.

– Isso é muito comum aqui, e você vai ver mais alguns espíritos que estão em situação de miséria no Umbral.

– Jesus...

Naquele momento, Rafael acelerou o passo e me convidou a nos apressarmos. Parecia que estávamos muito perto de algo ou de algum lugar que ele queria me mostrar.

– Venha, vamos...

Continuamos a nossa caminhada pelas ruas escuras do Umbral, só que agora mais rápido. Não me assusto mais com essa região, mas, olhando bem para ela, senti que precisava falar mais sobre o que é o Umbral para você que chegou aqui pela primeira vez.

Não poderia perder a oportunidade de, estando ao lado de um mentor espiritual, questioná-lo acerca da tão temida região de sofrimento, a qual conhecemos como Umbral.

– Rafael, posso te perguntar algumas coisas sobre o Umbral?

– Que tipo de coisas?

– Coisas aqui do Umbral.

– Claro que sim, fique à vontade.

– Primeiramente, gostaria de saber, na verdade, o que é e para que serve o Umbral?

– O termo Umbral é muito utilizado por vocês, espíritas, embora não faça parte dos primeiros livros que foram revelados pelo professor Allan Kardec. Com a evolução da religião e da própria mediunidade, os espíritos começaram a esclarecer e a brindar com mais detalhes o que é a vida além da encarnação.

Também começamos a levar até vocês mais informações sobre os planos existentes, aqueles em que se encontram milhares de infelizes irmãos que, atraídos pelo seu comportamento, povoam regiões densas, assim como essa a que estamos caminhando agora.

André Luiz e Emmanuel, através das psicografias do médium Francisco Xavier, utilizaram essa terminologia para fazer uma imagem mental do que estavam tratando de esclarecer. Durante o aprendizado da Doutrina Espírita, um dos termos que logo é apresentado a vocês é *Umbral*. No início, dependendo do nível de conhecimento e das crenças anteriores do estudante do espiritismo, o entendimento pode ser mais difícil.

– Então, qual é o verdadeiro significado da palavra Umbral?

– A palavra Umbral é de origem espanhola e é usada para designar a ombreira da porta que separa um cômodo do outro. Ela é sinônimo de entrada, ádito, miliar, porta ou ombreira. Embora seja interessante conhecer o conceito, o termo ganhou outro significado no espiritismo.

– Então, o que é *Umbral* para o espiritismo?

– No espiritismo, *Umbral* se refere a um estado ou lugar de transição, para onde os espíritos que não souberam aproveitar as oportunidades de evolução enquanto encarnados, são encaminhados provisoriamente. O Umbral, Osmar, é um local no mundo espiritual onde se encontram os espíritos inferiores, que são atraídos após as experiências fracassadas na encarnação, e foi justamente isso o que aconteceu comigo.

Após uma pequena pausa, Rafael prosseguiu:

– Não fique preocupado, pois vou te contar os detalhes do porquê exatamente vim parar aqui.

– Ok, mas deixa eu te perguntar outra coisa.

– Pergunte.

– Todos os espíritos passam pelo Umbral?

– Os planos espirituais são compostos de diversos lugares que vibram em faixas específicas. Isso quer dizer que existem diferentes destinos e que, cada um deles, abriga os espíritos desencarnados, conforme o grau de evolução espiritual pessoal.

O Umbral, meu nobre escritor, é morada provisória de espíritos que não progrediram durante as encarnações, ou seja, vêm para o Umbral aqueles que cometeram delitos morais enquanto, na encarnação, estiveram em provas. E olha, a maioria dos espíritos, após o desencarne, passa pelo Umbral para refletir sobre suas falhas durante a vida física.

– Entendi, mas, Rafael, quais tipos de comportamento podem nos levar a vir para o Umbral?

– Olha, deixe-me dar um alerta a você e a todos que irão ler esta obra.

– Diga.

– Osmar, é um erro acreditar que só os espíritos de classes inferiores vêm para o Umbral.

– Sério?

– Veja o exemplo do espírito André Luiz, que era médico e não foi uma pessoa má, e, ainda assim, ficou por longos anos aqui no Umbral.

– Verdade.

– Evidentemente, aqueles que cometem atos violentos e ilícitos na vida terrena têm razões mais do que justificáveis para tal destino. Mas a verdade é que todo espírito que carrega fardos psíquicos e emocionais também vem para o Umbral. Portanto, meu amigo, quem guarda mágoas, culpas, acumula sentimentos ruins e pensamentos negativos, também vem para o Umbral e pode nele permanecer até expurgar totalmente os fardos contraídos. Além, é claro, não podemos deixar de falar, daqueles que causaram infelicidade a alguém, dos que possuíam vícios e comportamentos autodestrutivos. Todos esses também fazem uma passagem por aqui.

– O que você quer dizer com pensamentos autodestrutivos?

– Quando nos referimos a comportamentos autodestrutivos, Osmar, também incluímos aqueles que conseguem tirar a própria vida. Não podemos deixar de falar desses infelizes irmãos. O suicídio, meu amigo, não é apenas um atentado fatal contra a vida de maneira consciente. É, também, uma ação inconsciente, que ocorre por uma sucessão de maus hábitos. Ninguém se suicida sem um planejamento. A pessoa não diz: vou ali me suicidar. O suicídio é uma construção. O indivíduo constrói o suicídio por meio de pensamentos, atitudes e infelizes decisões. Mas os mais comuns são o abandono espiritual e os pensamentos autodestrutivos.

– Como assim?

– Quando você em nada acredita, nada acredita em você. Lembre-se sempre de que estamos no Todo, e o Todo está em nós, portanto, se você abandona sua fé, sua crença, sua jornada evolutiva, e se entrega ao desânimo, aos pensamentos destrutivos, isto é, quando você desiste de si, nada podemos fazer.

– Meu Deus!

– Osmar, ainda há outros exemplos que eu poderia expor para exemplificar. Posso citá-los?

– Por favor!

– Você pode ser considerado um suicida devido aos excessos na alimentação, por abuso de bebidas alcoólicas, pelo uso de drogas, entre outros hábitos ruins sustentados durante a vida na Terra.

Beber excessivamente, comer em demasia, usar drogas e ter descontrole emocional, são algumas das formas de suicídio inconsciente. No Umbral, existe um lugar específico para quem comete suicídio, você sabia?

– Sim, o Vale dos Suicidas.

– Quem acaba com a própria vida, Osmar, normalmente faz isso pensando em se livrar de uma dor. Mas, como a alma é imortal e o espírito permanece vivo, há continuidade no plano espiritual. O sofrimento e a angústia que dominam os pensamentos não cessam após a morte do corpo físico. Pura ilusão achar que a vida termina com a falência do corpo físico.

A morte, meu amigo, é simplesmente um acontecimento biológico ao qual todos os espíritos encarnados estão intrinsecamente ligados. Todos, um dia, deixarão o corpo físico e retornarão à vida espiritual. Todos os espíritos se agrupam por afinidade, assim como em todas as regiões, seja nos planos físicos ou espirituais. Basta olhar para as suas cidades, e você compreenderá como as coisas são por aqui.

– Você pode nos falar um pouco mais sobre o Umbral? Sei que estou te explorando, mas são poucas as oportunidades que temos para saber mais sobre essa região.

– Sim, claro... não se preocupe com isso, estamos aqui para vos auxiliar a evoluir. É nosso trabalho a instrução...

O Umbral, Osmar, não é igual para todos, visto que o destino é o estado de consciência do Ser, é que determina e separa por regiões e núcleos existentes aqui , que funcionam com separações vibracionais, de acordo com o estado espiritual dos espíritos que aqui chegam.

O Vale dos Suicidas é um lugar dedicado àqueles que tiraram a própria vida. Entretanto, embora existam núcleos, conforme outros espíritos já relataram, no geral, o Umbral é um lugar frio, úmido e cinzento, como você pode ver agora caminhando ao meu lado.

– Estou apavorado com tudo isso aqui.

– Não fique... podemos prosseguir?

– Sim, desculpe-me.

– Deixe-me te falar um pouco sobre os espíritos que aqui vivem, pode ser?

– Por favor...

– Os espíritos que aqui habitam ficam vagando e, arrependidos, sofrem muito pelas escolhas que fizeram e pelas oportunidades desperdiçadas na encarnação. O Vale da Lamentação é o local mais visitado pelos espíritos arrependidos que, após o desencarne, se conscientizam de que, na verdade, não morreram, e é nessa hora que o choro aqui é constante.

A dor que apresentam aqui, muitas vezes, é semelhante à física que sentiam na Terra. No tempo em que ficam pelo Umbral, os espíritos permanecem cultivando as mágoas e outros sentimentos ruins que os acompanharam também na vida terrena. É daqui que parte a maioria dos obsessores das casas espíritas. Falaremos muito sobre isso.

– Então, meu amigo, como evitar o Umbral?

– Essa é a receita que todos pedem, mas que, embora a recebam em milhares de obras psicografadas, a maioria ainda é incapaz de praticar.

– Você pode nos dar?

– Dar o quê, Osmar?

– A receita.

– Sim, claro! Osmar, se o Umbral é um lugar para o qual vão os espíritos que não souberam aproveitar a chance de evolução na Terra, fica clara a condição necessária para evitá-lo, não é mesmo?

– Sim, mas é difícil de compreender. Precisamos do auxílio de espíritos dedicados ao amor, como você, o Lucas, e tantos outros.

– Meu querido médium, a Terra ainda é um planeta de provas e expiações. A regeneração bate à porta, mas ainda não está se estabelecendo. Isso significa que muitos espíritos ainda reencarnam no plano físico terreno para buscar o adiantamento espiritual.

Todos são colocados o tempo todo diante de desafios que testam a capacidade de seguir os princípios morais. Portanto, deveis encarar a vida na Terra como uma oportunidade de crescimento para o vosso espírito.

Além de praticar o bem ao próximo, também é essencial cuidar de si. Evitar hábitos destrutivos ao corpo, exercitar o perdão e a caridade, e não guardar mágoas ou rancores, são algumas formas de buscar a progressão e, com isso, ficar mais distante do Umbral.

– Não tenho palavras para agradecer pelos seus ensinamentos, Rafael.

– Anote algumas dicas...

– Deixa comigo, peraí... pronto, estou pronto.

– O Umbral, Osmar, é um lugar transitório, ou seja, não é uma morada definitiva, embora alguns infelizes irmãos permaneçam aqui por muitos séculos. É possível sair dele e ir para um local com vibração mais alta, desde que o espírito decida sair e também mereça.

Para deixar o Umbral, o espírito precisa refletir sobre as razões que o encaminharam até aqui. Ter consciência da vida na Terra é o primeiro passo. Além disso, o espírito deve se arrepender verdadeiramente de seus atos e demonstrar interesse e vontade de mudar.

Pedir a ajuda dos espíritos superiores também é valoroso. É muito importante ter fé e exercitar o amor sem distinção. Com todas essas ações, o espírito pode esperar um resgate dos seres de luz. Estes, irão levá-lo embora da região de sofrimento para socorro e tratamento nas colônias espirituais ou em planos transitórios ou superiores.

Certo é que todos passarão pelos postos de socorro existentes em todas as dimensões espirituais. No mundo espiritual, o espírito continuará buscando a sua evolução, além, é claro, de se preparar para uma nova oportunidade, onde todos os erros do passado poderão ser reparados.

Ou seja, a reencarnação.

– E na encarnação conseguiremos reparar todas as nossas faltas?

– Toda encarnação é programada e ajustada por todas as partes envolvidas. Não há encarnação ao acaso, visto que a encarnação é, na verdade, uma nova oportunidade de ajuste a todos os espíritos.

– Nem sei como te agradecer, Rafael, por sua excelente explicação.

– Então, agora está mais claro para você o que é o Umbral?

– Mais claro que isso, impossível.

– Osmar, lembre-se sempre de que o Umbral é uma região de sofrimento, é uma esfera do mundo espiritual destinada aos espíritos que não alcançaram o adiantamento na vida terrena. Diversas razões impedem a evolução espiritual, e não são apenas deslizes graves. Que fique claro que atos pequenos também destinam o espírito para essas regiões.

Pequenos atos, que não condizem com os ensinamentos de Cristo, também atrasam a progressão espiritual. Por isso, é importante praticar os valores morais, eliminando qualquer pensamento e sentimento ruim que possa surgir.

Assim, ao seguir rumo à evolução, as chances de se manter distante do Umbral são maiores. E se, porventura, você acordar nesta região, lembre-se de que, para deixá-la, é preciso se recolher e se redimir de seus erros sinceramente.

– Eu te agradeço pelas orientações e esclarecimentos, Rafael.

– Essa é a nossa nobre missão.

– Você também trabalha aqui no Umbral?

– Sim, atualmente trabalho ao lado do Lucas. Cheguei há poucos anos.

– Onde você estava?

– Na colônia espiritual Amor e Caridade, como te disse.

– Sim, você me disse isso, mas o que você estava fazendo lá?

– Estudando e me preparando para dar início à minha mais nobre missão.

– E qual é a sua nobre missão?

– Auxiliar a todos os que sofrem.

– Como se deu essa conquista?

– Que conquista?

– A que lhe permite trabalhar aqui e auxiliar aos que sofrem.

– Essa é a história que vou te contar.

– Você já está me contando.

– Vamos então voltar um pouco no tempo. Tenho uma linda e reveladora história, e desejo compartilhá-la com todos os que necessitam de evolução, pois minha vida sempre foi muito difícil. Mas, difícil mesmo, foi quando acordei do sono da morte e percebi que, na verdade, a morte é uma ilusão; uma desculpa para cometermos erros impensados e irresponsáveis.

– Estou curioso.

– Vamos à minha vida de encarnado?

– Vamos!

– Venha. Siga-me.

Continuamos a caminhar por uma estreita trilha. O Umbral estava escuro, como eu nunca havia visto antes. Construções velhas ladeavam o caminho. Rafael e eu seguíamos em silêncio.

Ele vestia uma espécie de bata de cor escura, que lhe cobria todo o corpo. Em seus pés, pude reparar em uma sandália do tipo franciscana na cor marrom. No peito, um colar com um enorme crucifixo de madeira.

Não havia reparado nas vestimentas do rapaz. Acho, sinceramente, que ele não quis que eu as visse em nosso encontro no posto de socorro, mas, agora, ele me induzia mentalmente a reparar em suas vestes. Seria Rafael um frei? Um franciscano ou um padre? O que aquele rapaz teria para me contar?

Foi quando, de repente, reparei à nossa frente que a trilha na qual caminhávamos havia se transformado em uma rua enlameada, fria e mais escura do que nunca.

Rafael, sem nada a dizer, caminhava à minha frente a passos firmes. Eu, ofegante, caminhava atrás do jovem, que parecia focado em me levar a algum lugar...

Para onde estávamos indo? – pensava irrequieto.

Qual seria o meu destino?

O que teria Rafael para nos revelar?

*"O mal que praticas é teu castigo em todo lugar."*

*Rafael*

## Uma vida

Chegamos a uma vila de casas bem antigas. Pude observar que havia espíritos morando ali, pois, em algumas casas, as luzes estavam acesas.

Eu via a claridade que vinha de dentro, através das janelas e das cortinas que eram brancas.

O lugar era bem escuro e sombrio. Densa névoa nos fazia companhia naquele lugar.

– Onde estamos, Rafael?

– Em uma das minhas encarnações, na verdade, na minha última encarnação.

– O que tens para nos mostrar nessa vida?

– Venha, olhe.

Chegamos à parte central daquele pequeno vilarejo. Havia uma dezena de espíritos ali, e eles estavam todos reunidos em volta de uma fogueira. Parecia que estavam se aquecendo.

Eram mulheres e homens, e todos vestiam roupas que lhes cobriam todo o corpo. Eles cantavam uma cantiga que era embalada por pequenos tambores, os quais eram tocados por jovens que estavam sentados sobre troncos de árvores caídas. Parecia que estavam participando de um ritual. Algo que me surpreendeu, pois todos dançavam da mesma forma.

Nos aproximamos e ficamos de pé, apenas observando os acontecimentos.

Foi quando pude ver um homem alto e forte, que parecia ser um sacerdote. Ele estava com o corpo nu, porém todo pintado. Estava usando uma roupa coberta com penas de animais, e carregava em uma das mãos um enorme maracá[1], muito barulhento.

O homem dançava sobre o corpo de uma jovem muito magra, que havia sido colocada no centro do círculo no qual todos dançavam. A moça tinha sido colocada sobre uma esteira de palha, coberta com alguns cobertores coloridos.

Tochas seguradas por outros homens iluminavam bem o lugar, onde era possível ver claramente todo o ritual.

– O que eles estão fazendo, Rafael?

– Um ritual de cura xamânico.

---

1 Muito usado por pajés indígenas, o maracá possui grande poder espiritual. Considerado um objeto nobre, é também utilizado pelos pajés em solenidades e rituais religiosos até os dias atuais. Algumas comunidades, por exemplo, acreditam que os espíritos falam por meio dos maracás.

– O que é Xamã?

– Xamã, Osmar, é um líder inspirado pelos espíritos capacitado a conduzir cerimônias do xamanismo. É o sacerdote que, durante os rituais xamânicos, entra em estado de transe, conseguindo penetrar em reinos sobrenaturais e encontrar soluções para os problemas de uma pessoa ou grupo.

Respeitado e admirado por muitos, o Xamã acaba se tornando um líder comunitário e espiritual muito respeitado por seus seguidores, que obedecem cegamente a tudo o que ele determina.

O que todos precisam saber, e eu só tomei consciência disso após o meu desencarne é que, um xamã, é um poderoso médium de efeitos físicos que, após anos e anos em atividade, consegue exteriorizar sua força mediúnica materializando objetos e realizando curas através da manipulação de alguns fluidos, todos derivados do fluido cósmico universal. O mais comum utilizado por eles é o Ectoplasma, muito conhecido pelos espíritas.

– Entendo. O que ele está fazendo agora?

– Um ritual de cura.

– E quem é a jovem que está doente?

Naquele momento, Rafael ficou sério. Percebi mudanças em sua fisionomia e em sua postura.

– Vou te contar tudo, mas preste muita atenção ao que você vai ver agora.

– Deixa comigo!

Foi quando o Xamã se deitou sobre o corpo da moça, após retirar um roupão que ele havia colocado sobre seu corpo. Ele, então, se colocou sobre a jovem, e seus auxiliares cobriram-lhe sem que ninguém pudesse ver o que ele fazia embaixo dos panos.

Após meia hora, aproximadamente, e, após um sinal feito pelo Xamã, a coberta foi retirada. Ele se levantou saindo de cima do corpo da jovem, dançando e sacudindo o maracá com força; cantava também uma música em um dialeto próprio para o ritual.

Todos começaram a dançar freneticamente entorno do corpo frio da jovem, que parecia não ter suportado o ritual. Mulheres gritavam e choravam muito; revoltados, alguns homens se aproximavam do Xamã e lhe ofendiam, pois o ritual que todos esperavam era o de salvação daquela linda menina doente, mas, o que vimos, foi a morte de uma inocente criança, que havia sido assassinada por um homem que, certamente, tinha o dobro de seu peso e tamanho.

O caos se instalou no lugar.

O Xamã agora tinha em suas mãos duas lanças afiadas para se proteger.

Uma briga generalizada começou. Alguns homens, que tentavam agredir o sacerdote, foram atingidos pela lança e caíram ao solo se esvaindo em sangue.

Um forte estrondo foi ouvido naquele momento. Trovões e raios no céu iluminavam todo o lugar. Os trovões assustaram a todos e fizeram com que se ajoelhassem ante ao Xamã, que levantou suas lanças direcionando-as aos céus, como se estivesse reverenciando alguma entidade que se manifestava para proteger-lhe de seus algozes.

Todos se ajoelharam... e a calmaria se instalou no local.

– Olhe atentamente agora, Osmar.

Naquele momento, meus amigos e leitores, a clarividência entrou em ação, e eu pude ver um exército de obsessores defendendo aquele sacerdote. Eram dezenas de obsessores. Alguns, fortes e altos; outros, tinham partes do corpo em forma de animais.

Mulheres, obsessoras, davam gargalhadas, e outros riam e se divertiam com a cena de total fraqueza daqueles espíritos que estavam ajoelhados e temerosos com os sons que a natureza produzia para proteger o Xamã.

Demonstrando todo o seu poder, todos voltaram a reverenciar o sacerdote, que ordenou que fosse feita uma grande fogueira, e que, nela, fosse colocado o corpo da jovem que acabara de morrer.

Temerosos e obedecendo às ordens, os moradores daquela pequena vila, rapidamente providenciaram o funeral. A escuridão lutava bravamente contra a claridade daquela fogueira assassina.

Aqueles espíritos que vieram ao socorro daquele Xamã se glorificavam por derrotarem, mais uma vez, aquela comunidade.

– Rafael?

– Sim.

– Posso te fazer uma pergunta?

– Sim.

– Quem são essas pessoas e esse Xamã?

– São pessoas simples que foram enganadas por um homem que deveria exercer sua mediunidade para o serviço do bem, mas, como você pôde ver, ele destinou toda a sua bondade à prática do mal.

– Em que tempo estamos?

– Tempo? Como assim?

– É muito antigo o que estou vendo aqui?

– No tempo em que contas como encarnado, podes considerar mais ou menos 500 anos atrás, aproximadamente.

– Então, tudo o que você está me mostrando aconteceu há aproximadamente 500 anos, é isso?

– Sim.

– Agora, vamos voltar mais um ano atrás, pode ser?

– Claro!

– Venha...

Caminhamos pela mesma rua, até chegarmos a uma pequena casa, muito próxima ao final da estrada.

Na casa, havia uma mulher, um homem e uma menina, que logo reconheci ser a menina que morreu naquele ritual.

Eles estavam sentados à mesa, jantando.

Feliz, a menina sorria para a sua mãe, com olhar de ternura.

– Está feliz, Adele?

– Muito, mamãe.

– Como está sendo o seu dia hoje, filha?

– Estou aprendendo muitas coisas com a mamãe, papai.

Ao olhar para aquele homem, pude perceber alguns traços que remetia a minha lembrança ao Rafael... não contive a curiosidade e perguntei:

– É você, Rafael?

– Sim.

Percebi um certo olhar de tristeza no mentor espiritual, e, após alguns minutos em silêncio, ele finalmente falou:

– Essas eram minha filha Adele, e minha esposa Sophia. Éramos muito felizes nessa pequena propriedade e nessa aldeia.

– Realmente sua filha é muito bonita. Quantos anos ela tinha nessa época?

– Quinze anos. E sua beleza a levou à morte.

– Mas o que houve?

– Veja e anote tudo.

– Deixa comigo.

Tinha a impressão de que aquela aldeia não estava situada no Brasil, pois as vestimentas e o lugar não eram familiares ao nosso país.

Rafael prosseguiu me explicando tudo o que era mostrado naquele momento.

– Osmar, todos os dias, ao final do dia, o povo se reunia na praça central para trocar alimentos, e nós nos aquecíamos na grande fogueira. Vivíamos minha filha, minha esposa e eu, em um povoado pequeno, sem muita gente, era realmente um povoado bem pequeno. Se fôssemos contar quantos moradores tinham ali, posso te assegurar que não passavam de oitenta pessoas.

Quem nos dirigia era o Xamã. A cabana dele era o lugar onde todos se reuniam e lhe ofertavam comida, frutas, legumes e bebidas, que eram feitas pelos moradores daquele lugar.

Ele era, na verdade, como um prefeito, um padre, um gerente, um administrador, um ditador… ele era idolatrado por todos, pois se tratava de um Xamã poderoso. Fez muita magia boa, e isso o diferenciava dos demais moradores da região.

Todos procuravam por ele quando ficavam doentes e, através de suas poções mágicas, conseguia a cura e o equilíbrio necessário, a paz e a harmonia, não só da nossa aldeia, mas também das aldeias próximas.

Tudo ia muito bem, até que a beleza de Adele acendeu um desejo incontrolável no Xamã. Veja agora e anote tudo, por favor.

Alegre e correndo, Adele se aproximou de Sophia.

– Mãe, mãe…

– Oi, filha.

– O Xamã disse que preciso passar pelo ritual da idade.

Assustadíssima, Sophia não acreditou nas palavras de Adele.

– O quê… quando foi que ele te disse isso, Adele?

– Ainda há pouco… quando saí do grupo de estudos, ele estava me esperando na rua principal.

Após alguns segundos em silêncio, Sophia disse:

– Vou falar com o seu pai para que vá conversar com ele. O Xamã não tem o direito de fazer isso com você, minha filha.

– Está bem, mamãe.

As horas pareciam intermináveis, e Sophia estava muito preocupada e nervosa à espera de Samuel.

Ao chegar do trabalho na lavoura, Samuel foi surpreendido ao ver que Sophia o esperava do lado de fora da casa, coberta com um xale que lhe cobria os ombros.

– Samuel...

– Sim, meu amor. O que houve? Por que está com essa cara?

– O Xamã disse que Adele tem que passar pelo ritual da idade.

– O quê?

– Ele disse que ela tem que passar pelo ritual da idade. Não consigo acreditar que ele quer fazer isso com a nossa filha.

– Mas o ritual da idade é somente para os meninos.

– Eu também fiquei preocupada. O que será que ele quer com a nossa filha? Meus sentimentos de mãe me alertam de que há algo maior que apenas o ritual nesse desejo do Xamã.

– Vou até a casa dele para conversarmos agora mesmo. Fique tranquila, pois vou resolver isso.

– Faça isso, meu amor, mas não se aborreça. Ele é perigoso...

– Pode deixar. Já volto…

Após deixar suas coisas sobre a pilastra da varanda da casa, e tentar por meio de um gesto de carinho acalmar Sophia, Samuel se dirigiu apressadamente para a casa do Xamã.

Após bater algumas palmas em frente à pequena, mas, luxuosa cabana, escutou-se a voz do Xamã, que autorizou a entrada de Samuel.

A cabana, na verdade, parecia um grande salão, pois não tinham cômodos, exceto um banheiro no final da grande sala. Almofadas, tapetes e cortinas tornavam o ambiente agradável.

– Sente-se, Samuel – disse o Xamã, sentado em uma cadeira que mais parecia um trono, todo feito de troncos de árvores e ossos de animais.

– Resolvi lhe procurar porque minha esposa disse que minha filha precisará passar pelo ritual da idade. Que história é essa?

– É uma ordem dos espíritos.

– Ordem dos espíritos? Como assim…? Esse ritual sempre foi um ritual de passagem para meninos.

– Nada posso fazer… são ordens dos espíritos, e temos que obedecer.

– Não irei obedecer a uma ordem absurda como essa.

– Sabes que quando não obedecemos às ordens dos espíritos, o mal recai sobre toda a comunidade, e eu não quero dar essa notícia hoje à noite no encontro da fogueira.

– Você não vai fazer isso?

– São ordens dos espíritos e, se eu não fizer, serei penalizado.

Pude ver o ódio invadir o coração de Samuel naquele momento.

Sua aura mudou de cor.

Sem dizer nada, Samuel deixou o lugar e voltou apressadamente para a sua casa.

Ao chegar, foi logo abordado por Sophia.

– Conversou com ele?

– Sim.

– E o que ele disse?

– Que a nossa filha tem que passar pelo ritual.

– Eu não vou permitir que a minha filha passe por isso, Samuel.

– O que iremos fazer?

– Não sei, mas você não pode permitir que Adele seja usada pelo Xamã.

– Não sei o que fazer... vou pensar e pedir ao grande espírito que me ajude a decidir que atitude tomar – disse Samuel, muito contrariado, saindo porta afora.

Igualmente contrariada, Sophia entrou em casa.

Acontece que, o que nenhum dos dois percebeu, é que Adele escutava toda a conversa.

A menina ficou muito assustada naquela hora. A jovem se trancou em seu quarto e, desesperada, pediu a Deus uma solução.

Após algumas horas, Samuel voltou bêbado para casa e dormiu sem saber o que fazer para salvar sua família.

Os dias se passaram, e Adele começou a adoecer.

Agora, desesperados com a doença da menina, Samuel e Sophia procuraram por Xamã pedindo-lhe ajuda para a doença que abatia a família.

Adele estava cada dia mais magra e fraca.

– Você anotou tudo, Osmar?

– Sim, estou anotando.

– Dois meses se passaram e, um dia, ao acordarmos logo pela manhã, encontramos a nossa filha desmaiada. Na verdade, só após desencarnarmos é que descobrimos que Adele tinha tomado uma dose de um remédio, que havia sido enviado pelo Xamã sem que soubéssemos, com a desculpa de que era um medicamento para curar sua doença.

Após dois anos da morte de Adele, Sophia também morreu. Ela suicidou-se... atirando-se de uma enorme cachoeira que ficava próxima à nossa casa.

O ritual ao qual você assistiu na praça foi um entre várias das tentativas de salvar a vida da minha filha; mas, o monstro, mesmo diante da morte de uma jovem inocente, ainda, assim, teve a ousadia de estuprá-la na frente de todos embaixo das cobertas que foram colocadas propositalmente para camuflar sua ação.

Após queimar minha filha naquela fogueira, a vida para mim perdeu todo o sentido... tudo o que eu queria mesmo era me vingar daquele desgraçado que destruiu a mim e a minha família. Como você também pôde ver, ele tinha ao seu lado uma legião de espíritos malignos, que lhe assegurava fazer o que fazia, não só comigo, mas com todos daquela humilde comunidade.

Tentei matá-lo por diversas vezes, mas sem sucesso. Seus amigos e suas companhias espirituais sempre me impediam de sequer chegar perto dele. Porém, o tempo passou e, após a morte de Sophia na cachoeira, finalmente chegou o meu dia.

– O que aconteceu?

– Desencarnei tentando matá-lo. Invadi a sua casa durante a noite e ateei fogo em tudo.

Mesmo diante das labaredas, ele ria de mim com as duas mãos na cadeira em que estava sentado, enquanto era consumido pelo fogo que provoquei. Parecia que eu estava diante de um demônio muito poderoso e imortal.

Desencarnei naquele mesmo dia atingido pelo fogo que a tudo consumiu. Após alguns anos, acordei nas regiões mais profundas do Umbral. Foi quando conheci Alexandre, e ele me ensinou muita coisa.

– Quem é Alexandre?

– Agora, vou te levar às regiões profundas do Umbral, local onde vivem muitos espíritos que, infelizmente, destinam sua existência a fazer o mal.

– Mas Deus permite isso?

– Se, algum dia, Deus não te permitir fazer algo, é por que esse algo não te faz evoluir; portanto, todas as provas que, de alguma forma, chegam até você, têm por objetivo te tornar um espírito melhor. Tudo lhe será permitido, mesmo aquelas provas que você pensa serem para o mal. É que, às vezes, o mal acontece para nós para nos melhorar, creia nisso.

– Compreendi.

– Deus é amor e essência, meu amigo, e, sendo Ele o amor pleno, qualquer tipo de punição e desamor não partem de Deus, e sim das criaturas em evolução.

– Como é bom poder escrever essas linhas, Rafael.

– É para isso que estamos cada dia mais presentes na vida dos encarnados... precisamos mostrar a verdade e orientar o máximo de espíritos possíveis. Agora, vou te levar às Trevas.

– Já estive lá uma vez com o Lucas.

– Serei sua companhia dessa vez. Venha, vamos nos encontrar com o Alexandre.

Nos dirigimos às regiões mais profundas do Umbral.

Segui, ao lado de Rafael, confiante de que temos uma linda e edificante mensagem para todos vocês.

“

*Onde não há Deus, não há amor...*

”

*Rafael*

# As trevas

Chegamos a um lugar escuro, frio, e que quase não era possível enxergar a nós mesmos, tamanha era a densidade da névoa no local. A escuridão nos impossibilitava de ver se havia algo ao nosso redor.

Como vocês sempre acompanham em minhas psicografias, procuro perguntar ao máximo tudo o que vejo e sinto, a fim de extrair do mentor que me acompanha informações para o nosso aprendizado e atualização de como é a vida nas cidades espirituais.

Naquele momento, não poderia ser diferente e, curioso, não me contive:

– Rafael, você poderia nos falar um pouco sobre este lugar?

– Claro que sim! Vamos lá…

Ao longo dos séculos, todos os espíritos esperam encontrar nas esferas espirituais cidades angelicais ou verdadeiras trevas, pois isso é o que lhes foi ensinado, contudo, a morte apenas nos deixa frente a frente com a nossa realidade. E, logo que chegamos à vida espiritual, adquirimos novamente nossa consciência plena e passamos a nos encarar sob o olhar crítico de nosso passado, dos erros que cometemos, mas também dos acertos.

Para a maioria que julga merecer os céus, logo chega a visita da decepção, e, para aqueles que esperavam mergulhar nas chamas ardentes do inferno, acabam por verificar que a escuridão absoluta jamais existira, pois, por mais que mereçamos sofrer, Deus é amor e misericórdia em essência.

As Leis Naturais que regem toda a criação são atrativas ou repulsivas, isto é, dependendo de como interagimos com elas, seremos abençoados ou rechaçados. Porém, as "Trevas" e o "Céu" são, na verdade, frutos de abstração da mente; mas os complexos de culpa acabam por nos transportar às esferas de recomeço, sempre.

O conceito que vocês têm da existência da vida após a morte é profundamente influenciado pela atenção que vocês deram ou estão dando à evolução espiritual de vocês. A maior decepção que os espíritos têm ao chegarem à vida espiritual é de que a morte do corpo físico não os transforma em algo melhor, e de que tudo o que acham, pensam ou sabem sobre a vida espiritual, é, na verdade, uma grande ilusão.

O arrependimento de ter desperdiçado muitas oportunidades de aprendizado e de aperfeiçoamento é, na verdade, o que mais vai doer em vocês aqui. Somos o que conquistamos, sem nenhuma vírgula a mais ou a menos. O que você é na Terra, você será aqui. E o que você carrega dentro de si, será potencializado aqui, entende?

– Perfeitamente.

– Da mesma forma que a Ciência e o conhecimento adquirido lançam o Ser para níveis elevados de consciência e compreensão do seu entorno, os clamores da alma permitem que o Ser em evolução se reconheça como parte de um Todo, e fazendo parte desse Todo, o Todo habita em vós.

– Perfeito, Rafael. Maravilhosa instrução, obrigado!

– Deixe-me te falar mais um pouco, pode ser?

– Meu Deus, quem sou eu para recusar tantos ensinamentos.

– Então, vamos prosseguir…

Há, em todos os planos da Criação, Osmar, universidades, centros de pesquisa e estudo, laboratórios, e escolas para todos os tipos de espíritos que estão em busca do conhecimento, inclusive do conhecimento de si mesmo; tudo isso faz parte das colônias espirituais e dos planos evolutivos da Criação, pois todos estão nos planos de Deus, não se esqueça disso.

Aqui, nas Trevas, você recebe oportunidades infinitas para se libertar da escuridão e ascender à evolução. Acontece que, a maioria dos espíritos que aqui vivem, não quer saber disso... insistem em praticar o mal.

– É realmente uma pena que esses espíritos destinem a existência deles para fazer isso.

– O que todos precisam saber é que cada esfera espiritual, dimensão ou cidade, tem sua psicoesfera característica e possui normas peculiares associadas às Leis Divinas, dando sentido existencial.

Porém, Osmar, a escuridão que você vê aqui e em outros lugares ainda mais sombrios, está em perfeita harmonia com os espíritos que aqui vivem. São habitantes inferiores que decidiram viver assim, como se estivessem contrariando as Leis naturais evolutivas.

Algumas vezes, eles até conseguem enganar essas leis, porém, um dia, serão capturados pela própria lei que age na consciência do espírito que, criado simples e ignorante, está destinado à evolução.

Lembre-se sempre de que todos os espíritos são orientados e regidos pelo livre-arbítrio... isso nunca deve ser esquecido. O intelecto e a elevação espiritual não são sinônimos, e mentes poderosíssimas podem ser encontradas nos umbrais da dor e do desespero, tramando estratégias de domínio e se servindo de uma irrestrita dependência das energias do plano físico que muitos espíritos desencarnados possuem.

Dementados e ignorantes do que os envolve, eles procuram manter amplas áreas do orbe terreno nos seus diversos planos, sob seus domínios diretos ou indiretos. Logicamente que não são demônios, pois tais espíritos com essas características não existem. O que há, e você poderá relatar, é a existência de lideranças em todas as regiões, inclusive na região em que estamos.

O que vi e vivi aqui fizeram com que eu pensasse e modificasse toda a minha essência espiritual. Erros como o orgulho, a sede de vingança e o egoísmo, não me permitiram seguir um caminho próprio e independente. Eu mesmo fui atraído para cá quando desencarnei, e foi justamente aqui que comecei a tramar a minha vingança contra o Xamã que destruiu a minha vida e a da minha família.

Aqui, você encontra espíritos suficientemente astutos para dissimular a existência deles, além de criarem discussões estéreis no seio das mais variadas crenças religiosas. Os primogênitos da relação desses irmãos com a humanidade são o fanatismo e a intransigência.

Tais forças também se congregam em centros espíritas, em comunidades e fortalezas espirituais nos planos vibratórios abissais e subcostais, onde também criam escolas e universidades da dor, obsessão-vampirismo, perversão, possessão... são locais onde desenvolvem tecnologias capazes de afetar o comportamento de encarnados e desencarnados que habitam as esferas mais densas, além dos planos em que vocês se encontram nesse momento.

Aqui se aprende muita coisa…

Muitos espíritas imaginam a vida nas esferas espirituais como algo totalmente etéreo e paradisíaco, mas esquecem que o verdadeiro paraíso somente pode ser acessado com o trabalho sério em um centro espírita. O processo de transição planetária se acelera profundamente no momento em que a capacidade tecnológica das trevas ameaça produzir danos ainda mais severos à psicoesfera terrena.

Todos os magos, obsessores, quiumbas, malfazejos, errantes, eguns, vagantes, e todos os espíritos que destinam sua existência a fazer o mal, precisam ter consciência de que esse modernismo terreno é refletido aqui também, e que a modernidade dos tratamentos espirituais incitam o modernismo nos processos obsessivos.

Constantemente, há aqui um processo de renovação. A Lei do progresso impõe regras absolutas, e todos os espíritos estão ligados a ela. De tempos em tempos, aqueles que não se afinam às energias deste lugar, são atraídos por essa energia e transferidos para diversos mundos primitivos.

Aqueles irmãos que se comprazem com a dor alheia e que tentam subverter a ordem natural das coisas, em todas as esferas da vida, são os primeiros a deixar essas regiões.

Todavia, não temam! Nosso amoroso Pai estabeleceu as condições adequadas para que todo o processo se efetue, e, no seu desenrolar, o homem adquirirá a maioridade que irá impedir que estabeleça sintonia com aqueles que querem o fim da humanidade, como força criativa e transformadora.

É por esse motivo que todos têm que estudar e dedicar muito tempo a se atualizar nos processos obsessivos. Não é convidando um malfeitor espiritual para ver a luz, que você vai convencê-lo a fazer o bem… é muito mais do que isso. O amor é o sentimento que atua como divisor de águas nesse amplo planejamento. E o que mais vemos, infelizmente, são espíritas falando de amor, mas sem exercê-lo em sua integralidade.

Aqueles que amam aprenderão os porquês de tudo com o tempo; aqueles que vivem para odiar aprenderão, com a própria lenda da primeira família humana, o valor da solidariedade e do auxílio recíproco no trabalho duro, na natureza áspera de um mundo jovem. Esses seres que vivem aqui, mas não acordaram para a verdadeira razão de existir, conhecem a dor e se lembram da Terra como um paraíso perdido.

Tenham a certeza de que nas colônias espirituais exercem os espíritos superiores as mesmas atividades que você vai ver aqui, com a diferença de que os atores desses dramas se mantêm em seus papéis por séculos ininterruptos.

Há espíritos que estão aqui há milhões de anos...

Outro aspecto que merece destaque nessa nossa conversa, meu amigo escritor, é de que os espíritos que vivem aqui entendem perfeitamente o processo de intercâmbio com os planos mais elevados e sublimes; o que eles não querem, de forma alguma, é ascender a esses planos.

– Entendo, Rafael.

– Podemos falar um pouco sobre o plano físico, o que achas?

– Acho ótimo!

– Então, anote aí...

O plano físico se destina mais ao aprimoramento dos valores pessoais, principalmente, os de caráter moral e espiritual. Devo ressaltar também que, em nosso meio, o ranço e o orgulho acadêmicos não existem ou são pouco pronunciados, uma vez que essas características são frutos do orgulho, do egoísmo e dos preconceitos, expurgados nas regiões de restabelecimento, nos "umbrais", e o "eu" dos pesquisadores vai se apagando em prol de algo maior e mais digno, o crescimento geral.

Temos também outra compreensão das leis físicas e do Criador, de forma que não gastamos o precioso tempo com experimentos que as ferem, além de apresentarmos códigos de ética e de conduta que são muito mais rigorosos, uma vez que o maior discernimento e o conhecimento nos obrigam a uma maior responsabilidade diante de tudo, emanando da força maior que nos estrutura a existência.

– Certo.

– O conhecimento tecnológico, Osmar, abre as portas desse universo multidimensional, mas é o amor fraterno que nos habilita a entrada nesses planos. As mentes poderosas, mas destituídas de sintonia com o progresso geral, vivem exiladas nas profundezas das Trevas. São magos, profundos conhecedores da magia e da persuasão... eles estão aqui, ao nosso redor. É aqui que nos encontraremos com o Alexandre.

Mas, antes, me deixe falar mais um pouco.

– Prossiga, meu nobre instrutor.

– Saiba, meu amigo Osmar, que muitos desses espíritos se encontram profundamente degenerados e não conseguem perceber que, o processo que agora vivenciam, é apenas a repetição daquilo que já passaram em outras eras geológicas, quando lhes fora dada a oportunidade de reencarnar entre os primeiros hominídeos nas estepes, nas savanas e nas florestas do Velho Mundo, há milhões de anos.

Hoje, como antes, as mãos do Cristo estão estendidas para todos os que querem a verdadeira libertação, que somente pode ser obtida com a renúncia total ao mal e a tudo o que ele representa, principalmente, o egoísmo e o orgulho, além, claro, do desapego ao mundo material, do respeito ao próximo, da dedicação constante e da vontade inquebrantável.

O que todos vocês precisam se conscientizar é de que não são os limites do cosmo que se ampliam rapidamente, mas sim a dissolução dos liames que nos prendem ao passado trevoso. Não são os limites do cosmo que vos impedem de sondar o inescrutável, mas sim vossas limitações de entendimento.

Depois de um longo período atuando como obsessor, treinado por Alexandre e por outros companheiros da obsessão, descobri que nada do que aprendi foi realmente útil, e, por isso, transformei totalmente o meu interior, pois é no íntimo que tudo acontece, Osmar.

– Agradeço a sua aula sobre as Trevas e sobre os espíritos que aqui vivem, Rafael.

– Precisamos passar a vocês o máximo de informações possíveis, pois vocês precisam entender que a Criação Divina não se limita ao que os seus olhos enxergam. Há dimensões paralelas, onde habitam bilhões de espíritos como vocês, expiando para se melhorarem. Dentre as nove dimensões que conheço, algumas são inimagináveis para a mente que carregas atualmente, porém há dimensões inferiores, muito parecidas com a que vocês estão nesse momento, sendo assim, estás no caminho certo. E, para que possais tornar-se um espírito melhor, ouça essas palavras:

Estudem os processos obsessivos, auxiliem, amparem, compreendam, e sejam caridosos, porque, no final, você vai perceber que o que realmente importa é aquilo que você construiu nos corações dos que expiaram com você, em uma experiência terrena, nesse universo chamado VIDA!

– Agradeço em nome de todos. Sem palavras...

– Venha, Osmar, vamos nos encontrar com o Alexandre.

– Vamos! – disse emocionado e feliz com tantos ensinamentos.

“

*O mal é a ausência do bem…*

”

*Lucas*

# Alexandre

Caminhávamos por uma estrada de terra batida em meio à densa névoa. Não havia nada ao redor nem ninguém em nosso caminho.

Éramos solitários caminheiros na escura imensidão umbralina.

Rafael caminhava ao meu lado em silêncio, e eu, extasiado com a aula anterior, refletia sobre os ensinamentos daquele jovem que acabara de conhecer.

Quem é Rafael? Essa pergunta não saía de mim...

Como pode um obsessor ser tão sábio como aquele que acabara de conhecer?

Após algum tempo, ele finalmente disse algo:

– Olha, Osmar, estamos nos aproximando.

Olhei para frente e pude ver um pequeno feixe de luz bem distante. Parecia ser uma lamparina acesa no meio do nada.

Aceleramos o passo, a fim de chegarmos mais rápido.

Notei uma certa ansiedade em Rafael, mas preferi me calar e esperar pelos acontecimentos.

Ao chegar perto da luz, vi um casebre. Tinha um cômodo só, com uma pequena varanda na frente.

– Acho que o Alexandre não está... – disse Rafael ao nos aproximarmos.

A ansiedade ficou ainda mais evidente em mim naquele momento.

Rafael entrou pela varanda e bateu à porta que estava trancada.

– É, realmente ele não está... vamos ter que esperar.

– Sem problemas... – disse.

– Venha! – disse ele.

Nos afastamos um pouco da choupana e, na sequência, Rafael começou a catar alguns gravetos que estavam espalhados à beira da estrada.

– Quer que eu te ajude, Rafael?

– Precisamos de fogo – disse Rafael meio afoito.

Imediatamente, comecei a catar alguns gravetos com ele.

– Venha, vamos acender nossa fogueira.

Nos aproximamos da cabana e, após arrumar toda a lenha, Rafael retirou do bolso algo que não consegui ver o que era e acendeu uma pequena fogueira para iluminar o lugar.

– Rafael?

– Sim.

– Posso te perguntar uma coisa?

– Sim, claro.

– Gostaria de saber o porquê da fogueira... qual a necessidade dela, já que você é um espírito desencarnado, e eu não estou sentindo frio?

– Essa fogueira serve para nos proteger.

– Proteger de quê?

– Daqueles que rastejam por aqui.

– Rastejam? Como assim?

– Neste lugar estão acumulados os piores espíritos desencarnados, e, muitos deles, sequer têm condições de ficar em pé. Dessa forma, ao encontrarem espíritos que não sejam conhecidos deles, almejam se aproximar para, de alguma forma, furtar as energias do corpo espiritual.

– Meu Deus!

– Isso é muito comum em quase todas as regiões do Umbral.

– Já tive algumas experiências por aqui... pude até ver os ovoides.

– Antes de o espírito se tornar ovoide, ele vaga por diversas regiões existentes aqui, em busca de qualquer fluido que possa lhe melhorar a condição perispiritual; claro, isso quando não está imerso em algum poço fedorento.

– O fogo os afasta?

– Sim. Além de afastá-los, sinaliza ao dono da cabana que tem alguém aqui.

– Entendi. Quer dizer que se o Alexandre estiver por perto, ele vai nos ver aqui?

– Isso. Essa é uma das utilidades das fogueiras nos planos espirituais.

Rafael se sentou na varanda, e eu me sentei ao lado dele.

Meus amigos, como é gratificante e, muitas vezes, emocionante viver minha mediunidade. Como é agradável o convívio com os espíritos.

Algum tempo se passou... foi quando, em nossa direção, se aproximava um vulto alto e forte.

– Olha, é ele! – disse Rafael se levantando.

Levantei-me imediatamente e me posicionei ao seu lado, à espera da figura que se apresentava ainda distante.

Finalmente, o homem chegou.

Realmente alto e forte, mas de aparência rude e desgastada pelo tempo, Alexandre foi abraçado por Rafael.

– O que fazes aqui, meu rapaz?

– Saudações, Alexandre! Trago um amigo escritor que deseja escrever sobre os processos obsessivos atuais. Tenho vossa permissão?

– Por que revelaríamos nossas técnicas? Qual o seu objetivo?

– Pela misericórdia dos espíritos elevados, pedimos humildemente permissão para revelar um pouco do que tem que ser revelado.

– Vamos entrar – disse Alexandre dirigindo-se à porta de entrada do casebre.

Sem dizer nada, o seguimos.

A singela cabana realmente tinha apenas um cômodo; uma sala na qual havia uma cadeira muito parecida com uma cadeira de bispo. Alexandre se sentou nela, após ajeitar uma capa de cor azul-escuro que lhe cobria todo o corpo.

– Sente-se, Rafael.

Seguindo a orientação de Alexandre, nós nos sentamos em duas cadeiras que estavam sobre um tapete grosso mais à frente.

– O que desejas revelar sobre os processos obsessivos, Rafael?

– O máximo possível, meu senhor.

– Mais do que ninguém, você sabe como funcionam os processos obsessivos.

– Sim, meu senhor, mas gostaria que todos soubessem, na verdade, como implementamos a obsessão.

– Para que vocês aprendam como fazemos para implementar os nossos planos obsessivos, é necessário que todos saibam o que é a obsessão, você não acha?

– Exato. Posso explicar, se você não se importar, Alexandre...

– Faça isso.

– Então, vamos lá. Acho, sinceramente, Alexandre, que o mais importante a falar sobre os processos obsessivos é o fato de que todos tenham a consciência de que a obsessão e os processos obsessivos não se instalam de imediato em nenhuma criatura; o processo é gradual, conforme o grau ou a intensidade da obsessão, além, é claro, de explicar que é necessário que o obsidiado permita que isso ocorra, entrando em simbiose com as nossas intenções.

Podemos classificar a obsessão de algumas formas: obsessão simples; fascinação e subjugação; dentre outros tipos. Mas essas são as mais comuns e as mais usadas pelos obsessores.

Tudo começa quando localizamos a nossa vítima, e, após localizá-la, começamos a verificar o condicionamento, a predisposição, e as defesas desguarnecidas. A partir daí, começamos a instalar a nossa onda mental na mente do obsidiado. Tudo tem início nas ondas mentais. É como se nós, os obsessores, guiássemos nossa vítima à frequência que desejamos.

O passo seguinte é o da nossa ação persistente para que a sintonia mental se afine, até que o domínio da mente seja passado para nós. A partir daí, é o momento de enviarmos pensamentos repetitivos, por meio de uma orientação hipnótica à mente da nossa vítima, que, incauta, invigilante, e descrente de Deus, assimila-os e reflete-os, deixando-se dominar integralmente pelas ideias intrusas.

Além das ações hipnóticas, há também o envolvimento fluídico, que torna o perseguido debilitado, favorecendo, assim, a nossa ação. Acho importante ressaltar ainda que o processo obsessivo atua também exteriormente, por intermédio de ataque energético ao perispírito de nossa vítima que, percebendo a presença de energias deletérias, começa um processo de reação.

Tudo isso faz com que o obsidiado, muitas vezes, fique doente sem que os médicos descubram o real motivo do adoecer, ou, ainda, que a vítima se tranque em ambientes escuros e solitários, estabelecendo simbiose com a energia intrusa, aproximando-se rapidamente da depressão.

Nossa missão é não dar trégua ao obsidiado. Por ação própria e de outros espíritos que trabalham junto a nós, e que são igualmente por nós dominados, mantemos a ação persistente junto ao objeto de nossa perseguição. É durante o sono que, muitas vezes, agimos com mais intensidade, já que o espírito está desprovido da consciência que pode alertá-lo sobre o processo obsessivo em que se encontra.

A vítima se deixa dominar por um inimigo invisível durante o sono. Afina-se com o caráter do obsessor e recebe suas ordens ou sugestões, tal como o sonâmbulo as ordens do seu magnetizador. Ao despertar, reproduz nas ações da vida prática todas as ordenações então recebidas, as quais poderão levá-lo até mesmo ao crime ou ao suicídio.

– Está anotando tudo, meu rapaz? – perguntou-me Alexandre.

– Sim, senhor.

– Continue, Rafael.

– Vamos lá... em determinadas ocasiões, os obsessores agem sobre a vítima empolgando-lhe a imaginação com formas mentais monstruosas, operando perturbações que podem ser classificadas como infecções fluídicas, que determinam o colapso cerebral com arrasadora loucura.

Vale ressaltar que nos processos obsessivos mais intensos, na qual o obsidiado já não se governa, tornando-se evidente os distúrbios psíquicos e físicos, os obsessores mais distanciados do bem utilizam-se dos chamados ovoides para tornar ferrenha a perseguição.

Os ovoides são implantados na estrutura perispiritual das vítimas em pontos estratégicos, tais como medula nervosa, centros de forças, chacras, entre outros. A finalidade disso é para que os obsessores tenham mais controle sobre a vítima e atinjam mais rapidamente o objetivo da obsessão. Além dos ovoides, há outros aparelhos, instrumentos e ferramentas, que foram desenvolvidos por Magos nos laboratórios existentes em quase todas as regiões do Umbral, tais como estacas, vermes, vespas, teias magnéticas, *chips*, entre outros.

É importante também falar que, ao sofrer esse implante, o períspirito sofre uma transubstanciação, adquirindo uma morfologia anômala, de esferas escuras, e pouco maior que um crânio humano. Assim, ele reage causando dor, sofrimento, desorientação, entre outros sintomas. É dessa forma que atingimos os nossos objetivos.

Alguns Magos que aqui vivem, conseguem realizar esses implantes com extrema facilidade, e, alguns desses ovoides, após implantados, apresentam movimentos próprios, agindo como se fossem grandes amebas. Outros, no entanto, permanecem em repouso, aparentemente inertes e ligados ao halo vital das personalidades em movimento.

Gostaria de falar um pouco sobre os *chips*, as estacas, entre outros, posso mestre?

– Tem a minha permissão – disse Alexandre, admirado com as palavras de Rafael.

– O *chip* é um aparelho de tecnologia ainda desconhecida dos espíritos encarnados, mas posso adiantar que esses elementos, quando implantados corretamente, ligam mentalmente a vítima ao obsessor. Com isso, os obsidiados viram verdadeiros zumbis entregues às drogas, aos vícios e aos crimes.

Já as estacas servem para paralisar a vítima; normalmente são colocadas na coluna vertebral e nos joelhos, causando dor e a paralisia em si.

Os vermes e as larvas implantados, agem normalmente no aparelho digestivo, causando doenças que podem levar o obsidiado à morte.

A teia magnética leva a vítima à depressão, à paralisia e ao desânimo da vida; muitos suicidas desencarnam com esse implante.

Já a vespa é um tipo de implante que leva, muitas vezes, o obsidiado à loucura. A vítima fica com zunidos nos ouvidos que atordoam a mente, ao ponto de ouvirem vozes que lhe indicam o suicídio ou a maldade extrema.

Além de outros instrumentos e objetos que foram criados por espíritos como o nosso amigo aqui presente.

– Quais são as predisposições para esses tipos de implantes, Rafael? – perguntei, pois não me contive.

– As que mais favorecem a ovoidização são sentimentos como vingança, ódio e perversão moral. Nos demais casos, as possibilidades são variadas, mas o mais comum é o desejo de se vingar de alguém que esteja encarnado, e que tenha uma dívida muito alta com o espírito que vive aqui.

– Meu Deus...

– Deus não criou ou cria nada disso, meu amigo escritor – disse Alexandre interferindo-se em nossa conversa, mais uma vez.

– Então, quem os cria?

– Nós... – disse Alexandre, com a voz firme.

Então, ele prosseguiu...

– Tudo o que você ouviu e anotou até agora é sobre alquimia. É a alquimia que nos permite realizar tudo isso e muito mais. O que nos capacita para fazer o que fazemos é o conhecimento dos poderes fluídicos e energéticos.

Eu sou um obsessor, mas alguns me consideram como Mago, pois sou antigo e, desde os áureos tempos da Criação, manipulo energias através da alquimia que me ensinaram em minha iniciação nos templos egípcios. Note que na natureza é possível encontrar remédio para todo mal físico, energético e espiritual, não é verdade?

– Sim, Alexandre, além dos elementos que existem e que são possíveis de manipular, extraímos das plantas, flores, folhas, minerais, vegetais e até animais, os remédios necessários para curar quase todas as doenças existentes.

Das ervas conseguimos fazer banhos, pomadas, chás e fórmulas, que equilibram e até curam doenças espirituais. Estamos em busca de outros medicamentos para curar doenças que surgem quase todos os dias, e a medicina, aliada à Ciência, faz um excelente trabalho nesse campo.

– O que é um médico ou um cientista que trabalha nos grandes laboratórios, senão um homem que se dedica à alquimia…

– É verdade… não havia pensado assim.

– Assim somos nós, obsessores, espíritos que, através do profundo conhecimento da manipulação de fluidos e energias, agem para atingir seus objetivos. Podemos muita coisa, meu amigo…

– Deus…

– Agora, deixe-me te mostrar uma coisa que é bastante rotineira aqui onde vivemos. Ou melhor… deixe-me te mostrar o meu trabalho – disse Alexandre.

Naquele momento, fomos orientados pelo Mago a nos calar. Foi quando ouvimos batidas à porta.

– Entre! – disse Alexandre.

Vimos uma figura muito esquisita entrar na companhia de um homem todo vestido de preto.

– Entre, Germano.

– Trago-lhe nosso irmão que acabara de chegar do Vale da Morte.

O rapaz, franzino e muito sujo, olhou para todos nós com um olhar seguro.

– Qual é o seu nome, meu rapaz? Aproxime-se… – disse Alexandre permitindo que o rapaz se aproximasse dele.

O rapaz, então, caminhou em sua direção e disse:

– Me chamo Carlos.

– O que desejas de mim?

– Preciso de vingança.

– E queres se vingar de quem?

– Do desgraçado que me matou.

– Por que fostes assassinado?

– Por causa de um celular.

– O plano físico está cada dia pior – disse Alexandre, sorrindo.

– Sabes que a vingança aqui tem um preço, não sabes?

– Sim, meu senhor. Germano já me explicou o que devo fazer.

– Me conte sua história…

– Eu estava saindo da faculdade, quando fui abordado por dois rapazes em uma moto. O homem que estava na garupa desceu da moto apontando uma arma para mim.

– E o que você fez?

– A princípio, fiquei meio confuso, mas, depois, ao ouvir os gritos dele, comecei a procurar pelo meu aparelho celular em minha mochila. Foi quando ele exigiu que eu lhe entregasse a mochila. Pedi a ele que não a levasse, pois nela estavam todos os meus documentos e os meus livros; estávamos em época de provas na faculdade e tinha muito material de estudos ali.

– O que aconteceu, então?

– Ele puxou a mochila das minhas costas com toda a força, e eu, sem querer, fiz um gesto natural de defesa, o que o fez atirar em meu peito sem piedade alguma. A partir daí, fui atraído para o Vale da Morte e fiquei lá por um bom tempo. Mas, agora, quero destruir aquele desgraçado.

– E como chegou até mim?

– Você é muito famoso aqui, Alexandre, e eu preciso dos seus serviços... preciso acabar com aqueles desgraçados.

– Está disposto a pagar o preço da vingança?

– Pago qualquer coisa para destruir quem me destruiu.

– Certo... Germano?

– Sim, meu senhor.

– Organize a equipe e localize aqueles que iremos atacar.

– Sim, senhor.

– Carlos, o preço da vingança será de vinte anos terrenos me servindo.

– Sem problemas, senhor. Pago com prazer.

– Sabe que me servir significa acatar a todas as minhas ordens, não sabe?

– O Germano já me explicou o que tenho que fazer, Alexandre. Pode confiar em mim... serei seu fiel escravo.

– Então, estamos acertados. Vá com o Germano e mostre a ele quem são e onde vivem aqueles que temos que atacar.

– Muito obrigado, meu senhor!

– Vá, meu rapaz...

Olhei para o Rafael impressionado com tudo o que acabara de ver e aprender.

Alexandre, então, olhou para mim e disse:

– É dessa forma que o meu exército continua crescendo, escritor.

– Quantos você tem capturados?

– Mais de mil.

– Meu Deus...

– Posso te fazer mais uma pergunta, Alexandre?

– Sim.

– Você nunca pensou em deixar de fazer o mal, para seguir fazendo o bem?

– Embora você possa não entender o que vou te dizer agora, um dia, todos vocês entenderão.

– O que você tem para me dizer?

– "O mal que faço agora, nada mais é que o bem que a humanidade precisa para evoluir no futuro."

– Perdoe-me, mas é difícil de acreditar que o mal seja um serviço do bem.

– Um dia, você vai entender... agora, atenha-se ao objetivo deste livro.

– Sim, precisamos nos ater ao objetivo desta mensagem – disse Rafael.

Naquele momento, fiquei sem entender muito bem o que, na verdade, eles queriam, mas já estou acostumado a me calar diante das centenas de dúvidas que surgem em uma psicografia.

– Venha, Osmar, vamos embora – disse Rafael se levantando.

Despedimo-nos de Alexandre e fomos embora.

Voltei à minha vida cheio de questionamentos que, sinceramente, um dia, espero ter a oportunidade de solucioná-los com o meu mais novo amigo Rafael.

“

*O bem que praticares em algum lugar, é teu advogado em toda parte.*

”

*Chico Xavier*

# A lição a ser seguida

Passado um dia, encontrei-me novamente com Rafael, que me procurou para darmos continuidade a esta psicografia.

Estranhei a ausência do Lucas, e logo perguntei:

– Onde está o Lucas, Rafael?

– Ele está em missão no Umbral.

– Rafael, posso te dizer uma coisa?

– Claro!

– Não entendi muito bem por que o Alexandre cortou a nossa conversa naquele dia.

– O objetivo deste livro não é falar sobre a obsessão pessoal. Nosso objetivo é falar a respeito da obsessão em um centro espírita, lembra?

– Sim, mas o assunto estava tão bom.

– Osmar, se formos falar da obsessão e de seus mecanismos, vamos precisar escrever outro livro.

– É verdade. Me desculpe, mas é que temos tantas dúvidas acerca dos processos da obsessão, que poderíamos escrever mais sobre isso.

– O que deseja saber sobre a obsessão?

– Referente à obsessão propriamente dita, acho que não tenho muito o que perguntar, afinal, a codificação espírita já explica muito bem como se dão os processos, os tipos de obsessão e tudo mais... mas o outro lado da obsessão, isso sim eu gostaria de saber e contar a todos.

– Mas você já escreveu alguns livros que mostram como é o outro lado da vida espiritual.

– Sim, já escrevi vários livros sobre a vida após a morte, mas, um livro específico, ainda gostaria de escrever.

– Nesta obra, irei te mostrar como acontece a obsessão em um centro espírita, e tenho certeza de que você e todos aqueles que lerem irão aprender muito.

– Perdoe-me, Rafael, quem sou eu para indicar alguma coisa.

– As mensagens que chegam da vida espiritual só são possíveis, porque vocês questionam os espíritos. O trabalho da dúvida é muito útil por aqui. À medida de seus merecimentos, mais informações chegarão, a fim de conduzir os espíritos à evolução, e é isso o que mais importa para nós.

– Somos gratos pelo trabalho incansável de vocês.

– Nós é quem agradecemos a médiuns assim como você que, mesmo encontrando muitas dificuldades, não desiste de nós.

– Tolos são os que não acreditam nas mensagens e nos espíritos, meu amigo... se assim puder lhe chamar.

– Me chame da maneira que lhe for mais conveniente. Para mim, somente a gratidão de você permitir a mim essas palavras, já é o suficiente.

– Sabe, Rafael, eu tenho um sonho.

– Conte-me.

– Sonho que, um dia, todos tenham acesso às linhas por mim psicografadas.

– Mas as pessoas não têm?

– Meu amigo, o plano em que vivemos é muito difícil mesmo.

– O que houve?

– Acho que o que vou te falar pode não ser compreendido por muitos, mas tenho que falar.

– Pois, diga...

– Desde que o mundo é mundo, somos manipulados, e o espiritismo não foge a esse domínio. Alguns autores são taxados disso ou daquilo. Há um domínio de interesses que não são cristãos.

– Seja mais claro, Osmar.

– Somos muito hipócritas. A hipocrisia domina as religiões. Infelizmente, somos manipulados por interesses escusos aos ensinamentos evangélicos. Federações, associações, regulamentos, regimentos... é nisso que se tornou o espiritismo. Sinceramente, em minha visão, isso não é espiritismo, sinceramente... acho que a religião espírita não precisa de nada disso.

– Osmar?

– Sim.

– Você sabe qual foi o motivo da crucificação de Jesus?

– Ele pregava um novo reino que se estabeleceria sobre a Terra, e isso foi de encontro aos interesses das lideranças daquela época... acho que foi por isso.

– Meu amigo, Jesus foi assassinado pelos interesses da casta sacerdotal do poder daquela época, que foi instituído pelos fariseus aterrorizados pelo medo de perder o domínio sobre o povo, e, sobretudo, de ver desaparecer o patrimônio e a riqueza acumulados às custas da fé das pessoas.

A morte de Jesus não se deve apenas a um problema teológico, mas a um grande problema econômico, e, isso, meu amigo escritor, ainda não mudou. Tens que aceitar tua missão e seguir em frente, de cabeça erguida, pois és um operário do amor e, todo operário do amor, tem as mãos e o corpo carregados de feridas.

Essas chagas são causadas pela ignorância, pela má-fé, pela ingratidão, pela solidão, e também por ser diferente daqueles que estão mais preocupados com suas contas bancárias, embora se dizem pregadores do amor. São falsos profetas, hereges, e espíritos decaídos que recebem, diariamente, a oportunidade redentora da salvação, mas se vendem pelos luxos terrenos fingindo serem homens e mulheres de Deus.

E não adianta, nesse momento, qualquer movimento contrário a esse domínio, pois quem deveria mudar o curso é dominado por essas ideias e dogmas, e age através do terror ideológico, arrebatando multidões de supostos fiéis, mas, que, na verdade, só estão interessados em conquistas financeiras, amorosas e pessoais.

Vendem a salvação espiritual, como se vende camisas em uma feira urbana. Nenhum desses se preocupam ou acreditam sequer no que pregam. São os falsos profetas que foram anunciados pelo nosso irmão Jesus, quando esteve entre vós.

Utilizam-se das palavras sagradas para o próprio bem, quando, na verdade, deveriam absorver os ensinamentos para transformar vidas, dando de comer a quem tem fome; aquecendo os que sentem frio; iluminando os que vivem na escuridão; amparando os desamparados; educando os analfabetos; e, por fim, amando sem se preocupar em serem amados.

– Estamos muito distantes dessa realidade, infelizmente, Rafael.

– Mas os culpados não são os espíritos desencarnados. Os maiores culpados são aqueles que ouvem, mas não acreditam; provam, mas não sentem; buscam, mas não acham; dizem crer, mas mentem, pregam e enganam. Nós, você e eu, estamos agora fazendo a nossa parte, e, pela parte que estamos fazendo, seremos recompensados.

– Gratidão por seus ensinamentos, Rafael.

– Escreva, Osmar, escreva.

– Eu, sinceramente, não penso em recompensas, só gostaria de que as nossas mensagens chegassem a todos, só isso.

– No dia em que isso for de interesse destes, você será reconhecido e valorizado. No dia em que as obras escritas por você derem retorno financeiro a eles, aí sim, nesse dia, você será reconhecido como um brilhante escritor.

– Espero não estar encarnado para ver isso.

– Acho, sinceramente, que se você recebesse essa proposta hoje, você não a aceitaria.

– Também acho.

– Então, deixe que o tempo se encarregue de fazer seu trabalho.

– Se for da vontade de Deus e dos bons espíritos, seguirei feliz de onde estiver, Rafael.

– Deus é bom, Osmar, e isso basta, meu amigo.

– Verdade, Rafael.

– Olha, tem algo do qual eu gostaria muito que você registrasse neste livro.

– Continuo sendo seu lápis, meu amigo.

– Você sabe qual é a diferença entre mim e você nesse momento?

– Deixe-me pensar... você está desencarnado, e eu, encarnado.

– Ótima colocação, mas não é isso.

– Então, explique para nós, por favor.

– Quem são os espíritos?

– Não sei...

– Os espíritos são vocês mesmos do outro lado da vida. São vocês encarnados depois da morte do corpo físico. Eu, que estou aqui nesse momento, já estive onde você está agora.

E quem são vocês? São nós, quando voltam da encarnação.

Então, os espíritos, meu nobre escritor, são a legítima realidade; aliás, nós, os espíritos, existimos sem mesmo o mundo material existir. Tudo o que você vê quando encarnado é aparente. Na verdade, o que você não vê, em razão de ainda estar encarnado, é o que, de fato, é real.

O que é verdadeiramente real, e o que é irreal?

O que é permanente, e o que é efêmero?

A matéria é impermanente... a matéria é passageira, transitória e temporária.

O espiritual e o imaterial é que são, na verdade, permanentes. É isso o que é sólido, o que existe desde sempre, e é o que existe independentemente da existência da matéria. Os espíritos é que são a realidade. E nós, os espíritos desencarnados, como vocês nos chamam, é que somos espíritos temporariamente sem o corpo físico. Nós, que estamos do outro lado da vida, na verdade, somos vocês amanhã.

– Jesus! Quanta sabedoria, meu amigo instrutor. Obrigado, mais uma vez, por você permitir a mim essas linhas.

– Que as linhas escritas por nós atinjam os nossos objetivos.

– Deixe-me te perguntar uma coisa, Osmar.

– Sim.

– Você se lembra daquele rapaz que encontramos na cabana de Alexandre?

– O Carlos?

– Sim, ele mesmo.

– Sim, me lembro.

– Lembra que ele prometeu servir ao Alexandre por vinte anos terrenos?

– Sim, estávamos lá.

– Há algo que preciso te mostrar.

– Agora?

– Sim. Você pode?

– Claro!

– Então, venha.

Naquele momento, em desdobramento, voltamos ao Umbral.

Retornamos às Trevas.

“

*Quando te sentires triste, procures o consolo e a lição nas palavras edificadoras de Jesus.*

”

Osmar Barbosa

# Os laboratórios

Ao chegarmos às Trevas, fomos recebidos novamente por Alexandre. Estranhei a presença dele, mas me contive em somente observar e escrever.

– Olá, Rafael!

– Olá, Alexandre!

– Como tens passado?

– Bem, e você?

– Em meu trabalho.

– Vejo que trouxe o escritor.

– Sim, ando com ele por esses dias.

– Estás escrevendo sobre a obsessão ainda, meu jovem? – perguntou Alexandre, dirigindo-se a mim.

– Sim, meu senhor – respondi.

– Quero que você escreva sobre o laboratório, pode ser?

– Sim, senhor.

– Venham! – disse Alexandre, se pondo a caminhar à nossa frente.

Afastamo-nos de sua morada, por meio de uma pequena trilha a qual nos levou a um lugar um pouco distante, até chegarmos a um complexo de vários e pequenos prédios.

– Que lugar é esse, Rafael?

– Aqui é onde estão os laboratórios.

– Laboratórios?

– Observe e escreva.

Eram aproximadamente seis prédios; todos brancos, cercados de grades, e muito bem protegidos. Eram estruturas grandes e seguras, como as existentes em todas as colônias e planos espirituais.

Ao perceberem a nossa presença, o portão principal se abriu, como se alguém tivesse visto que estávamos chegando, e, então, autorizado a nossa entrada.

Alexandre foi recebido com reverência e alegria por alguns espíritos que estavam vestidos de branco à porta do complexo.

– Seja bem-vindo, mestre! – disse um deles.

– Vamos entrar... – disse Alexandre.

Entramos no primeiro prédio à esquerda. As portas se abriram com a presença do grupo em que estávamos.

Eu olhava tudo e anotava correndo para não perder nada.

– Venham... – dizia Alexandre ao nos conduzir.

Finalmente, chegamos a uma enorme sala na qual vários espíritos trabalhavam em fórmulas líquidas e sólidas.

A curiosidade aumentava ainda mais em mim.

– Tens algo a perguntar, escritor?

– Que lugar é esse, Alexandre?

– Esta é uma dentre as centenas de unidades laboratoriais existentes nas cidades espirituais.

– O que vocês fazem aqui?

– Os espíritos dispõem, sobre os elementos materiais disseminados por todos os pontos do espaço, na vossa atmosfera, de um poder que estais longe de suspeitar. Podem, pois, concentrar à vontade esses elementos, e dar-lhes a forma aparente que corresponde à dos objetos materiais.

Naquele instante, nos aproximamos de uma bancada na qual alguns espíritos trabalhavam. Foi quando vi que o Carlos, que estava ali, sentado, recebia uma aula de como manipular alguns elementos.

– Aquele não é o Carlos?

– Sim – respondeu Rafael.

– O que ele faz aqui?

– Vamos perguntar ao Alexandre.

Ele havia se afastado de nós por alguns metros, e ensinava uma menina a manipular uma substância alaranjada, que sequer suspeitava o que era.

Esperamos ele terminar a tarefa e se aproximar novamente de nós para podermos perguntar.

Após alguns minutos, ele voltou a se reunir conosco.

– Alexandre?

– Sim.

– Nosso escritor quer saber o que o Carlos faz aqui?

– Ah, sim... não sei se vocês se lembram, mas o Carlos desencarnou vítima de um tiro.

– Sim, me lembro da história dele – disse.

– Pois bem. O Carlos também nos contou que havia acabado de sair da faculdade no momento em que foi assassinado.

– Lembro-me – disse curioso.

– Alguns espíritos que chegam aqui e que são qualificados, como é o caso do Carlos, por exemplo, eles são encaminhados para trabalhar nos laboratórios. Carlos estava em seu último ano no curso de medicina e sonhava em se especializar em oncologia, a fim de estudar mais sobre o câncer.

Ou seja, aqui nós aproveitamos sempre o que carregas em si. Escreva isso...

– Estou escrevendo.

– Escreva: o fluido cósmico universal é suscetível de transformações pelo homem encarnado e desencarnado, produzindo não só diversidades de matérias, como mudanças nas já existentes. Por exemplo, transformar corpos opacos em transparentes e vice-versa. Servindo-se apenas da sua vontade e, claro, tendo conhecimento, nós conseguimos exercer uma ação poderosa sobre a matéria elementar. Assim, podemos formar substâncias e também alterar as suas propriedades usando, como reativo, a própria vontade.

– Meu Deus!

– É pela vontade e pelo conhecimento que conseguimos transmutar fluidos e, assim, atingir nossos objetivos. A vontade e o conhecimento exercem, portanto, papel fundamental na produção de todos os fenômenos mediúnicos e anímicos, inclusive, na transmissão de fluidos magnéticos espirituais por meio dos passes nas casas espíritas. Não é assim?

– Sim, é pela vontade, pelo estudo e pela transformação, que nós, médiuns, conseguimos manipular o fluido cósmico universal para a realização de vários fenômenos benéficos dentro da casa espírita.

– Aqui não é diferente, meu amigo escritor. A vontade é atributo essencial do espírito, isto é, do ser pensante. Com o auxílio dessa alavanca, ele atua sobre a matéria elementar e, por uma ação consecutiva, reage sobre os seus componentes, possibilitando, assim, a transformação de suas propriedades íntimas, as quais podemos usar tanto para o bem quanto para o mal.

– Então, posso te perguntar uma coisa, Alexandre?

– Sim.

– Por que o Carlos está aqui?

– Pelas qualidades adquiridas enquanto encarnado, irei transformá-lo em um poderoso obsessor, assim, além de ele conseguir atingir seu objetivo de vingança, será útil para mim durante vinte anos.

– Você é muito inteligente.

– Obrigado!

– Rafael, agora leve-o para conhecer todas as nossas instalações. Até breve, meu amigo!

– Obrigado por seus ensinamentos, Alexandre.

Saímos a passear pelas enormes instalações. Pude ver dezenas de espíritos trabalhando naquele laboratório, e me lembrei de quando tive a oportunidade de visitar um laboratório muito parecido na colônia espiritual Amor e Caridade.

A diferença, meus leitores, é que, nos laboratórios das colônias, os espíritos evoluídos estão justamente trabalhando para formular energias ou mecanismos para desintegrar o que, nesse laboratório, os obsessores estão criando. Podemos chamar de fórmulas contrárias ou de magia contrária.

Lembrei-me de que, durante as sessões de desobsessão realizadas em nosso hospital, os mentores espirituais retiram *chips*, estacas, vermes, larvas, e outros implantes usados pelos obsessores, e levam esses dispositivos para o laboratório de Amor e Caridade para serem estudados e, depois, desintegrados.

É a mente do bem combatendo a mente do mal…

– Venha, Osmar – disse Rafael seguindo à minha frente.

Após olharmos tudo, deixamos o lugar e continuamos caminhando em direção à cabana onde Alexandre havia nos recebido.

Ao chegarmos ao lugar, nos sentamos novamente na varanda para uma conversa.

– Osmar?

– Sim, Rafael.

– Quero te falar um pouco mais sobre o que vimos.

– Sou seu lápis.

– Escreva, então.

– Deixa comigo!

– Osmar, os fluidos espirituais que constituem um dos estados do fluido cósmico universal são, a bem-dizer, a atmosfera dos seres espirituais: este lugar onde estamos agora.

– Sim.

– O elemento donde eles tiram os materiais sobre o qual operam; o meio onde ocorrem os fenômenos especiais, perceptíveis à visão e à audição do espírito, mas que escapam aos sentidos carnais, impressionáveis somente à matéria tangível; o meio onde se forma a luz peculiar ao mundo espiritual, diferente, pela causa e pelos efeitos da luz ordinária; finalmente, o veículo do pensamento, como o ar o é do som.

– Entendo.

– Os espíritos, meu amigo, atuam sobre os fluidos espirituais, não os manipulando como os homens manipulam os gases, mas empregando o pensamento e a vontade. E é através da vontade que tudo acontece. Para todos os espíritos, o pensamento e a vontade são o que é a mão para o homem. Pelo pensamento, eles imprimem àqueles fluidos tal ou qual direção, os aglomeram, combinam ou dispersam; organizam com eles conjuntos que apresentam uma aparência, uma forma, uma coloração determinadas; mudam-lhes as propriedades, como um químico muda a dos gases ou de outros corpos, combinando-os segundo certas leis. É a grande oficina ou laboratório da vida espiritual.

Algumas vezes, essas transformações resultam de uma intenção; doutras, são produto de um pensamento inconsciente. Basta que o espírito pense uma coisa, para que esta se produza, como basta que modele uma ária, para que esta repercuta na atmosfera. É assim, por exemplo, que um espírito se faz visível a um encarnado que possua a vista psíquica, sob as aparências que tinha quando vivo, na época em que o segundo o conheceu, embora o haja tido, depois dessa época, muitas encarnações. Apresenta-se com o vestuário, os sinais exteriores: enfermidades, cicatrizes, membros amputados etc., que tinha então.

Um decapitado se apresentará sem a cabeça. Não quer isso dizer que haja conservado essas aparências, certo de que não, porquanto, como espírito, ele não é coxo nem maneta, nem zarolho, nem decapitado; o que se dá é que, retrocedendo o seu pensamento à época em que tinha tais defeitos, seu perispírito lhes toma instantaneamente as aparências, que deixam de existir logo que o mesmo pensamento cessa de agir naquele sentido. Se, pois, de uma vez ele foi negro e branco, de outra, apresentar-se-á como branco ou negro, conforme a encarnação a que se refira a sua evocação e há que se transporte o seu pensamento.

– Que interessante!

– Por análogo efeito, o pensamento do espírito cria fluidicamente os objetos que ele esteja habituado a usar. Um avarento manuseará ouro; um militar trará suas armas e seu uniforme; um fumante o seu cachimbo; um lavrador a sua charrua e seus bois; uma mulher velha a sua roca.

Para o espírito, que é, também ele, fluídico, esses objetos fluídicos são tão reais, como o eram, no estado material, para o homem vivo; mas, pela razão de serem criações do pensamento, a existência deles é tão fugitiva quanto a deste.

Sendo os fluidos o veículo do pensamento, este atua sobre os fluidos como o som sobre o ar; eles nos trazem o pensamento, como o ar nos traz o som. Pode-se, pois, dizer, sem receio de errar, que há, nesses fluidos, ondas e raios de pensamentos, que se cruzam sem se confundirem, como há no ar ondas e raios sonoros.

Há mais: criando imagens fluídicas, o pensamento se reflete no envoltório perispirítico, como em um espelho; toma nele corpo, e aí, de certo modo, se fotografa. Tenha um homem, por exemplo, a ideia de matar a outro: embora o corpo material se lhe conserve impassível, seu corpo fluídico é posto em ação pelo pensamento e reproduz todos os matizes deste último; executa fluidicamente o gesto, o ato que intentou praticar.

O pensamento cria a imagem da vítima e a cena inteira é pintada, como em um quadro, tal qual se lhe desenrola no espírito. Desse modo é que os mais secretos movimentos da alma repercutem no envoltório fluídico; que uma alma pode ler noutra alma como em um livro e ver o que não é perceptível aos olhos do corpo.

Contudo, vendo a intenção, pode ela pressentir a execução do ato que lhe será a consequência, mas não pode determinar o instante em que o mesmo ato será executado, nem lhe assinalar os pormenores, nem, ainda, afirmar que ele se dê, porque circunstâncias ulteriores poderão modificar os planos assentados e mudar as disposições.

Ele não pode ver o que ainda não esteja no pensamento do outro; o que vê é a preocupação habitual do indivíduo, seus desejos, seus projetos, seus desígnios bons ou maus. Esses são atributos do espírito, mas que nem todos continuam conscientes de que podem exercê-lo, sofrendo, e dependem de outros para ensiná-los ou vitimá-los como escravos, até que aprendam por si só a utilizarem o que em essência possuem.

Você já teve a oportunidade ou já ouviu falar do fenômeno da materialização, Osmar?

– Sim, já ouvi falar, mas ainda não tive a oportunidade de presenciar tal fenômeno.

– O que é a materialização em uma sessão espírita?

– Você pode nos explicar?

– As sessões de materialização, que são realizadas em um centro espírita sério, podem acontecer de duas formas: física e espiritual.

A física se dá quando usamos objetos físicos ou quando criamos ruídos para nos comunicar. Já a espiritual ocorre quando, através de um médium de efeitos físicos, nós usamos um composto de alguns fluidos existentes em seu plano espiritual, transformando-os em ectoplasma, para criarmos imagens, tecidos humanos, órgãos, remédios, entre outras funcionalidades desse processo, para a cura de doenças físicas, psíquicas ou espirituais. Como podes ver, mais uma vez, é a alquimia que a tudo possibilita.

– Quanto ensinamento, Rafael. Obrigado por nos ensinar tudo isso.

– É para isso que estamos entre vós.

– Para nos guiar, é isso?

– Sim, essa é a grande missão dos espíritos. Estamos entre vocês para vos guiar, amparar, amar, auxiliar, e também para vos instruir.

– Sou-lhe grato por todos os seus ensinamentos, Rafael.

– Escreva...

– Já sei...

Rafael, então, me trouxe à minha vida de encarnado.

Nos despedimos, sem outro dia marcar...

Sigo à espera do instrutor.

“

*Se tiveres fé do tamanho de um grão de mostarda, dirás àquele monte que mude de lugar, e ele mudará.*

”

*Jesus*

## O centro espírita

No sábado seguinte, após o almoço, deitei-me para descansar, pois meus sábados são realmente cansativos. É o único dia da semana que paro, ou melhor, que relaxo e sinto muito mais o cansaço semanal.

Estava deitado, quando ouvi a suave voz de Rafael em meus ouvidos.

– Osmar…

Foi quando acordei, olhei para a cabeceira da cama, e fitei feliz a imagem de São José que tenho sempre ao meu lado.

“Já sei… vamos continuar a psicografia.” – pensei.

Olhei para o meu lado e lá estava Michelle assistindo a algo na TV.

Levantei-me, arrumei as minhas coisas e segui para o lugar onde sempre escrevo.

Rapidamente, cheguei e me preparei. Foi quando Rafael também chegou.

– Desculpe-me acordá-lo.

– Não se desculpe, Rafael, eu é quem deveria estar preparado para te receber.

– Mas você está.

– Quis dizer que eu deveria estar aqui te esperando.

– Não pense assim. Olha, vamos voltar à psicografia?

– Sim, claro!

Me organizei e começamos.

– Sobre o que iremos falar agora?

– Você se lembra de como o nosso encontro começou?

– Sim. O Lucas me levou à colônia e me apresentou a você.

– Lembra-se do que conversamos?

– Você disse que iria me contar um pouco da sua história.

Confesso, amigos, que até agora sabemos pouco.

– Pois é. Chegou o momento, nesta psicografia, de falarmos sobre mim; sobre aquele obsessor que te falei que me tornei, antes de estar no estágio em que me encontro agora.

– Sou seu lápis.

– Bom... você se lembra daquele Xamã que tanto mal fez a mim, a Sophia e à minha filha Adele?

– Sim, contamos essa história no começo do livro.

– Pois bem. Vamos continuar nela.

– Ok.

– Quando acordei no Vale da Morte, após alguns anos adormecido no Umbral, encontrei alguns espíritos que, depois de saberem da minha triste história, me aconselharam a procurar pelo Alexandre. Embora ele exija que nos tornemos escravos dele por alguns anos, ele também nos ensina a nos vingarmos de quem tanto mal nos fez.

Assim, caminhei por longos anos nas temerosas trilhas do Umbral à procura das Trevas. Até que um dia, consegui transpor o portal que separa essas dimensões, conseguindo, finalmente, ser recebido por Alexandre.

A nossa conversa foi rápida. Ele disse que me forneceria elementos suficientes para que eu pudesse me vingar do Xamã. Disse também que não seria uma tarefa fácil, já que se tratava de um espírito com muita sabedoria, e que atingir tais espíritos não era uma simples missão.

Dessa forma, após ter me submetido a vinte anos terrenos de escravidão nas regiões dominadas por Alexandre, ele começou a me ajudar. Passei longos dezoito anos estudando e aprendendo tudo sobre obsessão, possessão, magia, goécia, e outras ferramentas usadas nos processos obsessivos.

Desses anos todos, a maioria deles foi no laboratório. A minha vida tornou-se a de um aluno dedicado e focado em aprender o máximo possível de tudo o que aquela escola ensinava. Os anos se passaram rapidamente, e a primeira e maior dificuldade que tive, quando Alexandre disse que eu já estava pronto, foi a de encontrar o Xamã.

Onde ele estaria?

Quando se é líder, o círculo de amizades dos líderes lhe permite informações privilegiadas sobre os espíritos desencarnados. Confesso que, até os dias atuais, não consigo compreender ou mesmo saber como eles têm essas informações. Mas, após algum tempo de espera, recebemos informações importantíssimas sobre o paradeiro do Xamã. Mas, agora, vou parar de te contar e vou começar a te mostrar, tudo bem?

– Tudo bem, vamos lá!

Agora compreendi por que Lucas e Rafael precisaram despertar em mim os tipos de mediunidade que despertaram.

Fui levado por ele para o cenário que tenho que relatar…

– Samuel?

– Sim, mestre.

– O que você está fazendo?

– Estou limpando os laboratórios.

– Preciso que você venha comigo, tenho algo para te mostrar.

Imediatamente, Samuel deixou seus afazeres e seguiu Alexandre até a sua cabana.

Em silêncio, caminhávamos sem nada ouvir.

– Entre e se sente.

Samuel entrou e se sentou na primeira cadeira.

Alexandre se sentou em seu trono, e logo começou a falar.

– Localizamos o seu algoz.

– E onde ele está?

– Chefia do Umbral. Uma legião de malfeitores que está agindo no plano terreno.

– No plano terreno?

– Sim, junto de seus aliados e subordinados, estão todos em missão no plano terreno... mais precisamente em algumas casas espíritas.

– Mas esse desgraçado... depois de tudo o que fez, ele ainda vive entre os encarnados? Como ele conseguiu isso?

– Alguns de nós conseguem driblar certas leis e permanecer nos planos físicos. Ele não está vivo no plano físico, mas continua agindo nesse plano.

– Será que ele é tão poderoso assim? Onde ele está no Umbral?

– Quando esteve entre vocês, encarnados, por diversas vezes, ele vos provou o poder que tinha. A região do Umbral em que ele se encontra é conhecida por nós como Inferno, mas não temos acesso a esse lugar.

– É verdade. Aquele desgraçado tinha muito poder mesmo. Então, não temos como acessá-lo?

– Temos como atraí-lo, e é isso o que iremos fazer. Permitirei que Eudes te leve e seja o seu instrutor na tarefa que idealizei, dessa forma, acredito que conseguiremos encontrar o Xamã.

– Agradeço a oportunidade. Não vejo a hora de me vingar daquele maldito.

– Tenha calma. Você precisa ser paciente e astuto se quer mesmo se vingar dele. E também precisa se lembrar de tudo o que te ensinamos nesses anos em que esteve aqui.

– Faço de tudo por essa vingança, Alexandre.

– Volto a dizer... lembre-se sempre do treinamento que lhe foi dado durante todos esses anos, e coloque em seu coração que vingança é um prato que se come frio... é muito importante que não se esqueça do que ensinamos.

– Terei toda a sabedoria que foi a mim ensinada para atingir nossos objetivos, meu mestre.

– Confio em você!

– Alexandre, quem é Eudes?

– Um amigo. Ele já está vindo.

– Sem problemas – disse Samuel se acalmando.

Após rápidos segundos, ouvimos uma batida à porta.

– Entre – disse Alexandre.

Foi quando vi um anjo entrar pela porta. Digo isso porque Eudes reluzia sua vibração espiritual, a ponto de iluminar todo o ambiente. Pensei... que loucura! Será que Alexandre tem amigos anjos?

– Meu amigo Eudes. Entre, sente-se.

O rapaz de estatura mediana, pele clara e cabelos louros, olhou para mim e esboçou um sorriso, sentando-se ao meu lado.

Envergonhado com tanta luz, me calei.

– Alexandre, quero te agradecer pela oportunidade que me destes de auxiliar Samuel.

– Nós é quem agradecemos, Eudes.

– Samuel, este é o Eudes. Ele vive entre os encarnados. Atua na proteção e no auxílio aos centros espíritas. Faz um excelente trabalho e será sua companhia até que vocês localizem o Xamã.

Samuel estendeu a mão e cumprimentou Eudes.

Com um leve sorriso no rosto, Eudes retribuiu o cumprimento.

– As instruções lhe serão passadas no decorrer do trabalho, Samuel.

– Lhe sou grato, Alexandre.

– Sabes que ainda tens dois anos de compromisso comigo, não sabes?

– Sim, eu sei.

– Agora vá e faça o que tem de ser feito.

Samuel se levantou e se despediu de Alexandre.

– Venha, Samuel, vamos... – disse Eudes se colocando de pé.

– Sim, Eudes.

Após todos os cumprimentos, Eudes e Samuel andaram por várias horas, até deixarem o Umbral e adentrarem no plano físico auxiliados por dois amigos de Eudes, que pouco falavam, apenas cumpriam com as ordens diretas do novo instrutor.

– Eudes, posso te pedir uma coisa?

– Sim.

– Me ajude a localizar quem tenho de encontrar, e lhe serei grato pela eternidade.

– Fique tranquilo. Iremos achá-lo.

– Obrigado, Eudes!

– Venha, vamos a um centro espírita.

– Um centro espírita?

– Sim. Venha...

Chegamos rapidamente a um lindo a harmonioso centro espírita. A sessão já havia começado. Pude ver que tinham vários mentores assistindo os médiuns que ali trabalhavam, e também muitos desencarnados que estavam sentados e que participavam efetivamente dos trabalhos daquela seara de luz.

– Aqui você terá uma linda e edificante oportunidade, Samuel.

– Oportunidade de quê?

– De ajustar-se ao processo evolutivo.

– Não quero evoluir. Preciso achá-lo.

– Você não quer evoluir?

– Não. Eu quero é me vingar daquele desgraçado. O Alexandre me disse que o encontraríamos, e você prometeu que vai me ajudar a colocar as mãos nele.

– Sim. Você vai encontrá-lo, mas pense um pouco na oportunidade que você terá de evoluir e de se livrar definitivamente desse sentimento de ódio que domina o seu coração há tanto tempo. Será que vale a pena viver assim?

– Eu não tenho vida. Eu não quero vida. Eu quero é me vingar daquele desgraçado.

– Você já pensou em Sophia e Adele?

– Só penso na minha vingança, só isso.

– Está bem. Vamos aguardar... – disse Eudes se calando diante da insistência de Samuel.

– Estou ansioso para pegar aquele monstro.

– Vamos aguardar. Tenha calma...

Solange, a dirigente do centro espírita, preside o lugar desde a sua fundação. Marta, sua filha, é também sua assistente e futura presidente. As duas construíram uma linda obra de caridade e amor.

São vários os projetos sociais. Dezenas de famílias assistidas em um projeto chamado Amor e Caridade. Cursos para jovens e idosos; uma pequena e acolhedora creche, onde mais de oitenta crianças são assistidas; além de projetos para dar alimentos a pessoas em situação de rua.

Uma obra social invejável.

Solange, já idosa, é a única fundadora ainda encarnada; os demais fundadores já se encontram na pátria espiritual.

Marta, preocupada, se aproximou da mãe.

– Mãe, você não quer descansar um pouco?

– Não, filha, estou bem. Após a aula mediúnica, irei até a minha sala para descansar um pouco e continuar firme, afinal, hoje, receberemos a minha querida amiga na palestra edificante.

– Olha, se você precisar de alguma coisa, por favor, me avisa, tá?

– Está bem, filha...

Marta deixou sua mãe sentada assistindo à aula sobre mediunidade e foi até a cantina para organizar tudo, afinal era dia de palestra e o centro espírita ficava sempre muito cheio em dias especiais.

Mentores se acotovelavam entre os médiuns durante o curso, instruindo mentalmente os seus tutelados ao aprendizado. Havia cerca de oitenta médiuns no ambiente, e a harmonia podia ser sentida por Samuel e Eudes.

– Venha, Samuel, vamos seguir a Marta.

Samuel e Eudes seguiram Marta até a cozinha e, para o espanto de todos, assim que chegaram ao ambiente foi possível ver um obsessor bem forte ao lado de duas mulheres. Naquele momento, fomos levados a escutar o que elas conversavam ao serem intuídas pelo obsessor.

– Adianta aí logo, pois ela já vai chegar.

– É... a pastorinha está chegando para dar as ordens – disse a outra mulher.

Pude ver que em seus corações havia uma mancha escura a qual lhes atordoava a mente, infiltrando nela pensamentos negativos, a fim de quebrar a harmonia do lugar. O obsessor atuava naqueles corações vazios e invejosos.

Olhei para Eudes e para Samuel, que nada disseram.

Outra mulher se aproximou dali carregando consigo fluidos de cigarro. Ela havia se escondido no depósito do centro espírita para fumar.

O obsessor administrava tudo aquilo com esperteza.

Outro obsessor chegou, quando um rapaz adentrou na cozinha. Ele era a companhia daquele jovem que auxiliava às mulheres.

– Gente, vamos acelerar porque daqui a pouco o povo começa a chegar, e tem que estar tudo pronto, senão a Marta vai comer o meu fígado.

Foi impressionante o que vi naquele momento, meus amigos leitores. Toda a cozinha ficou escura, dando muita alegria àqueles obsessores que riam e se glorificavam por terem conseguido quebrar toda a energia positiva que deveria estar no ambiente.

Rafael observava a tudo, até que resolveu falar.

– Olha, Eudes!

– O quê?

– Você não vai fazer nada para combater esses malditos?

– Não é minha função fazer isso.

– Como assim, não é sua função? Por que então você me trouxe aqui?

– Para você ver o que o Xamã anda aprontando.

– Mas ele não está aqui.

– Mas os seus estão.

– Esses aí são dele?

– Sim.

– Você sabe o que eles estão fazendo, não sabe?

– Contaminando o alimento. Esse é o primeiro passo que os obsessores dão para destruir um centro espírita. Deixam nos alimentos os fluidos de desarranjo intestinal, além de empanzinar e subtrair as boas energias dos organismos que serão assistidos nas salas de atendimento.

– Exatamente. E você não vai fazer nada?

– Já disse que não é minha função nesse momento.

– Peraí – disse Samuel se exaltando e partindo para cima daqueles obsessores que, ao perceberem sua presença, fugiram rapidamente do lugar.

Todo o ambiente, então, voltou a ter claridade.

As mulheres que faziam intrigas pareciam ter acordado de um estado de transe, e, sem nada a dizer, se puseram a preparar os salgados, as tortas e os bolos, com esmero e carinho.

O rapaz que havia chegado pegou um esfregão e, em silêncio, começou a limpar o chão da enorme cozinha.

Samuel, então, se aproximou das comidas que estavam expostas sobre uma grande mesa na parte central da cozinha, e retirou delas os fluidos que foram deixados pelos obsessores.

– Belo trabalho, Samuel! – disse Eudes.

– Não é justo que inocentes paguem pela maldade desses obsessores.

Marta finalmente adentrou na cozinha.

Vi que aquela jovem carregava consigo uma energia capaz de influenciar todo o ambiente, pois tudo ficou ainda mais claro e reluzente com a presença dela.

– Oi, pessoal! Como estão as coisas? Está tudo em ordem? Vocês precisam de ajuda? – disse a jovem muito simpática.

– Não, querida, não estamos precisando de nada. Está tudo em ordem. Os bolos já foram assados, e o salgado está pronto. Já fizemos café, tortas, biscoitos... está tudo pronto para mais um encontro de luz.

– Obrigada, Flávia! Você é um amor... não sei o que seria de mim sem vocês, meninas.

– Meninos também, dona Marta.

– Desculpe, Eduardo, nem tinha te visto aí, meu querido irmão.

Todos sorriram felizes...

– Samuel?

– Sim.

– Venha comigo, vamos até o salão principal – disse Eudes.

Caminhamos até o outro lado do centro espírita, onde havia um enorme salão. Era um lugar onde eram feitos seminários, conferências, encontros literários e palestras.

– Que lugar bonito! – disse Samuel.

– Aqui é o lugar onde se administram as palestras.

Havia aproximadamente trezentas cadeiras. O púlpito era branco e, uma mesa, na parte mais alta do palco, centralizava toda a diretoria e os palestrantes convidados.

O lugar estava vazio, naquele momento.

– Venha, vamos nos sentar – disse Eudes.

Samuel, então, se sentou ao lado do amigo mentor.

– Samuel, terei que deixá-lo aqui por algum tempo. É que tenho compromissos que me impedem de permanecer ao seu lado, pelo tempo necessário ao encontro com o Xamã.

– Ele virá aqui?

– É o que pretendemos. Lembre-se de que precisamos atraí-lo.

– Como assim?

– Você viu aqueles obsessores lá na cozinha?

– Sim, os achei fracos.

– São alunos do Xamã.

– Desgraçado!

– Pois bem. Alexandre e eu achamos que, se fizermos um trabalho aqui, poderemos atraí-lo, uma vez que não temos acesso ao Inferno.

– Mas eu treinei durante dezoito anos e estudei com afinco para ser um obsessor, e agora você quer que eu fique aqui defendendo a obsessão?

– Use a magia contrária.

– Usar tudo o que aprendi para anular o processo obsessivo que está se instalando aqui?

– Não é uma boa proposta?

– Não quero uma boa proposta. Eu quero é pegar no pescoço daquele desgraçado. Me dediquei e me preparei para isso.

– Olha, vamos fazer assim, vou te deixar aqui por alguns dias. Não demoro a voltar. Fique aqui e observe tudo. Agora, aprenda sobre o outro lado da obsessão. Veja como ela é colocada em prática, e, se em algum momento, você achar que deve interferir no que eles querem fazer aqui, interfira; se achares mesmo que não tens que se envolver, não se envolva. Combinado assim?

– Tudo aceito. Farei isso para novamente poder me encontrar com aquele infeliz. E te digo uma coisa, meu amigo, na hora em que eu me encontrar com ele, vou despejar toda a minha fúria naquele maldito.

– Agora tenho que ir. Fique aqui e assista à palestra, pois ela vai te ajudar.

– Nos vemos em breve?

– Sim, em breve estarei de volta.

Assim, Eudes nos deixou naquele lindo salão, no qual ficamos à espera da palestra.

Eu estava preocupado... será que Samuel não estava me vendo? O que aconteceria conosco daquele momento em diante, já que não estávamos sob a tutela de um mentor de luz?

Fiquei muito preocupado, mas entendi perfeitamente a proposta de Alexandre e de Eudes. Se Samuel começasse a interferir na obsessão daquele centro, certamente o líder máximo daquela legião iria aparecer para saber quem o desafiava.

Inteligentíssima a estratégia usada por Eudes e por Alexandre para atrair o Xamã e, dessa forma, poderem confrontá-lo, auxiliando e atendendo aos interesses de Samuel.

“

*A mente permite, o corpo obedece, o espírito sofre, a dor se instala…*

”

*Osmar Barbosa*

# A reunião

Passados alguns dias, Rafael me procurou novamente e me levou para uma reunião emergencial que fora convocada pela direção do centro espírita. Percebi estarem todos muito nervosos e preocupados com algo que a direção teria para comunicar.

Ao chegarmos, vimos que Marta estava sentada na cadeira da presidência, e todos os médiuns e os demais colaboradores estavam nas diversas cadeiras do enorme salão de palestras. Ao seu lado, estava um médium antigo da casa.

Algo não me parecia bem.

– Senhoras e senhores, boa tarde! Trago-lhes notícias de minha mãe. A cirurgia dela foi remarcada para amanhã, portanto, peço a todos muitas orações para a recuperação imediata da nossa querida presidente.

Informo também que terei que me ausentar por algumas semanas, ou até meses, pois preciso ficar ao lado da minha mãe no hospital, e depois cuidar dela em casa. Nesse momento, passo a presidência da nossa instituição ao nosso querido irmão Jofre, que cuidará de tudo na nossa ausência. Conto com a colaboração de todos para que tudo continue como sempre foi, porque o centro espírita está acima de nossas vontades.

Olhares tristes e, outros, nem tanto, pudemos ver naquele dia.

Marta se levantou e, apressadamente, deixou o centro espírita, dirigindo-se ao hospital onde estava Solange, em leito de dor.

Assim que ela saiu, pude ver quatro obsessores se aproximarem do novo presidente, incutindo nele ideias de mudanças na ritualística do centro espírita.

– Boa tarde, pessoal!

Todos responderam com felicitações ao novo presidente.

– Devo alertá-los de que farei algumas mudanças em nosso centro espírita. Pontos a serem mudados:

1. Não será mais necessário que a roupa branca de trabalho seja trocada aqui no centro espírita, podendo, o médium, já vir vestido com ela de sua casa. Sempre achei isso uma recomendação inútil da presidência anterior.

2. Não será mais necessário o jejum de carnes antes das sessões. O espiritismo está moderno, e ritualísticas ou preceitos sem fundamentos não farão mais parte da minha administração.

3. Meninos e meninas poderão trabalhar na mesma sala; não será mais necessária a separação de médiuns. Médium é médium, e ponto-final.

4. Nas sessões de desobsessão, não será mais necessária a doutrinação dos nossos infelizes irmãos que chegarem aqui trazidos pelos nossos mentores. Basta que deem passagem para eles expressarem suas necessidades e insatisfações, pois, em minha compreensão espírita, temos que dar voz a todos.

5. O estudo sistematizado deixará de ser obrigatório, pois nunca fui a favor de obrigar os médiuns a estudar. Quem quiser, pode continuar estudando conosco, mas, os que não desejarem, poderão participar dos cursos a distância, disponíveis em nossa plataforma.

6. Vamos mudar as preces iniciais de todas as salas de atendimento, pois acredito que as preces que usamos estão velhas e obsoletas.

7. Os cursos deixarão de ser obrigatórios. Não podemos obrigar os médiuns a estudar. Vivemos em uma democracia.

8. As mensalidades deixarão de ser obrigatórias, pois sei que tem pessoas que não têm condições de pagar e, obrigá-las a isso, a meu ver, não é ético.

9. A escala diária de trabalho deixará de ser realizada pela coordenação e será feita por mim. Flexibilizaremos os horários e as rotinas cansativas da administração anterior.

10. E a última mudança: serão aceitos em nossa casa médiuns de outros centros espíritas, visto que o nosso quadro mediúnico está muito reduzido e precisamos aumentar

os nossos atendimentos. Todos merecem oportunidades evolutivas.

Espero ter a colaboração de todos, e coloco-me à disposição de vocês para dúvidas e questionamentos. Obrigado! – disse o novo presidente se levantando e deixando alguns boquiabertos com as novas diretrizes.

Dirigindo-se para a sala da presidência, ele estava ladeado por quatro membros do centro espírita que eram seus aliados, todos com o peito estufado e cheios de autoconfiança.

Foi quando olhei para trás e vi uma enorme legião de obsessores que estavam sentados nas últimas cadeiras do salão. Eram muitos. A paz e a harmonia antes presentes naquele lugar, simplesmente desapareceram.

Samuel permaneceu ali sentado e calado à espera dos acontecimentos.

Nos fundos do centro espírita, havia uma pequena casa vazia. Era um cantinho especial criado por Solange para os seus momentos de descanso.

Samuel, então, se dirigiu para esse lugar.

A pequena casa era muito aconchegante. Na sala, tinham algumas poltronas antigas e, no fundo, um lindo altar. Nesse altar, pude ver a imagem de Jesus e de Maria, sua mãe, além de alguns apóstolos.

Uma vela permanecia acesa iluminando aquele cantinho de luz. Samuel se sentou em uma cadeira muito próxima ao altar e ficou ali olhando para ele, admirado com a energia daquele recanto de luz.

Permaneci calado, pois, como disse, aprendi a me calar durante as psicografias, porque as respostas sempre vêm.

Foi quando, de repente, um rapaz e uma jovem chegaram ao ambiente e se sentaram próximos a Samuel.

– Você é o Samuel?

– Sim. E vocês... quem são?

– Me chamo Maria, e esse é Josafá – disse a jovem de voz meiga.

– O que fazem aqui?

– Sou a mentora espiritual de Marta, e o Josafá é o mentor espiritual de Solange.

– Então, vocês são os mentores espirituais deste centro espírita, é isso?

– Temos mais alguns amigos na espiritualidade superior que também estão ligados a esta casa de caridade e que nos ajudam.

– Sabiam que a mentoreada de vocês está doente?

– Sim. Ela já não tem mais a saúde que tinha quando jovem, mas ainda é muito dedicada ao trabalho que faz nesta seara de luz, o que fragiliza muito o seu estado de saúde.

– E, por acaso, vocês estão cuidando dela?

– Sim. Ela está sendo assistida por nós, e também pela falange de cura do nosso ilustre amigo dr. Bezerra de Menezes.

– Você é o enviado do Alexandre, não é isso? – perguntou Josafá.

– Sim. Vim para cá para me encontrar com alguém que estou procurando há muito tempo.

– Há quanto tempo estás à procura?

– São tantos anos que confesso que nem sei…

– Pois, se estás aqui, é porque é necessário que estejas. Confie em Alexandre.

– Vocês também conhecem o Alexandre?

– Sim, ele é muito conhecido nas casas espíritas.

– Olha, meus amigos, eu admiro muito espíritos como vocês, mas minha intenção eterna não é a de ser anjo. Treinei, estudei, e dediquei muitos anos da minha existência para ser um poderoso obsessor. Confesso que ainda não entendi muito bem a estratégia utilizada por Alexandre ao me enviar para cá. Ainda não senti nem vi a presença de quem procuro por aqui. Estou já há alguns dias ansioso e esperando pela hora certa de agir.

– Talvez, quem você esteja procurando, também esteja a te procurar, e o encontro será aqui.

– Para mim, não importa o lugar. Só quero encontrar-me com ele para me vingar do que ele fez a mim e à minha família. Mas, me deixa perguntar uma coisa... vocês são mesmo os mentores deste centro espírita?

– Sim, nós somos – disse Maria.

– Então, onde vocês estavam ainda há pouco quando aquele novo presidente disse coisas absurdas a respeito da funcionalidade deste lugar? Será que ele não percebeu ou não tem conhecimento sobre os processos obsessivos pelos quais todo centro espírita sofre?

– Não estávamos lá porque nenhum espírito foi convidado para a reunião. Nenhuma prece foi proferida pedindo o nosso auxílio, nosso amparo ou nossa orientação. Como sabes, não é um costume dos espíritos irem a lugares aos quais não são convidados.

A minha mentoreada não está com cabeça para estabelecer uma conexão conosco, em se tratando de assuntos regimentais do centro espírita. Compreendemos que o momento em que ela e a mãe se encontram, seja um momento delicado, no qual ela deve, sim, cuidar exclusivamente de Solange.

– Mas vocês abriram as portas para os obsessores, aliás, eles já estavam se acotovelando no salão principal, prontos para começarem a destruir este centro espírita.

– Confiamos na providência divina, que de tudo cuidará no momento preciso – disse Maria, com sua voz meiga e suave.

– Olha, deixe-me dizer uma coisa... claro, se me permitem.

– Diga, Samuel.

– Nesses longos anos dedicados a manipular fluidos e energias, aprendi que todo cuidado é necessário na relação entre planos espirituais e perispírito. Fomos ensinados que qualquer brecha que se abra nos campos protetivos de uma casa espírita, nela o inimigo se instalará.

Quando cheguei aqui pela primeira vez, pude perceber que em volta de todo esse complexo espiritual, havia um anel energético protético que quase impediu a minha entrada, mas, como estava em excelente companhia, nós não tivemos dificuldade em transpor tal campo protetivo.

Ao ouvir o que ouvi naquele salão, e ao perceber o que percebi nos corações ali presentes, posso vos assegurar de que este centro espírita durará pouco se os senhores não agirem. Os algozes da caridade estão a postos implantando e reativando sentimentos ruins em corações desavisados e descrentes do amor maior. Logo, meus amigos, se vocês não tomarem providências urgentes, tudo isso aqui ruirá.

– Acreditamos que as providências já foram tomadas, Samuel – disse Josafá.

– Eu só vejo espíritos malfazejos, quiumbas, eguns e obsessores se aproximando. Parece-me que as portas do Inferno foram abertas e que não há nenhum controle sobre este centro espírita.

– Confiemos no Senhor – disse Maria.

– Acho que já me meti demais onde não fui chamado. Estarei por aqui só esperando quem devo encontrar. Quem sabe ele não vem com esses que se aproximam, pois tenho certeza de que é o ambiente propício para encontrá-lo.

Maria e Josafá se levantaram preparados para cumprimentar Samuel.

– Samuel, foi um prazer conhecê-lo. Desejamos, sinceramente, que você consiga encontrar quem veio procurar. Agora, temos que ir, mas fique à vontade, e, se precisar de algo, é só nos chamar – disse Josafá.

– Maria e Josafá… é isso?

– Sim.

– Está bem! Se eu precisar de algo, vos chamo.

– Até breve, Samuel!

– Até…

Deixei o lugar. Eu quase não consegui dormir, após presenciar o que havia presenciado naquele centro espírita. Vários obsessores se acotovelando em todas as salas e departamentos. Cheguei a me perder nas minhas visões... tinha hora em que eu tinha certeza de que havia sido levado novamente ao Umbral, tamanha a escuridão que tomou aquele centro espírita.

Os dias passavam lentamente, e Rafael não me procurava. Foi quando...

“

*Não basta vestir branco por fora, é preciso que o branco esteja por dentro.*

”

*Osmar Barbosa*

# O domínio

Finalmente, alguns dias depois, Rafael me procurou e me convidou para voltarmos no tempo.

– Osmar?

– Sim.

– Sou eu... Rafael. Vamos continuar?

– Achei que você tivesse se esquecido de mim.

– Estava ocupado resolvendo algumas coisas.

– Podemos ir?

– Venha...

Chegamos ao centro espírita rapidamente. Foi quando vi Eudes ir ao encontro de Samuel, que permanecia por lá seguindo as orientações recebidas.

Ele se aproximou de Samuel que, naquele momento, estava sentado em um banco nos jardins da entrada da casa espírita. Era um lugar muito bonito e calmo, e logo Samuel percebeu a presença do amigo.

– Eudes!

– Olá, Samuel! Como andam as coisas por aqui?

– É sério que você quer saber disso?

– Sim, quero saber como andam as coisas por aqui.

Samuel esboçou um sorriso sem graça e começou a falar.

– Meu amigo, isso daqui está muito parecido com o lugar de onde eu vim. Eu vi os mentores desta casa circulando por aqui apenas uma vez... acho que eles já sabiam o que iria acontecer e foram os primeiros a ir embora.

– Quem eram eles?

– Uma tal de Maria, e um rapaz chamado Josafá.

– Maria e Josafá nunca mais apareceram por aqui?

– Esta casa está totalmente dominada por obsessores, quiumbas, eguns, malfazejos e errantes... um verdadeiro Umbral, meu amigo. E, olha, usaram a forma mais comum de obsessão para atingir seus objetivos.

– O que fizeram?

– Simplesmente acenderam nos médiuns daqui, o que eles já possuíam dentro deles. Por exemplo, um rapaz que foi dependente químico durante muitos anos, e que, agora, tem sido presa fácil para os que dominam as sessões. Outra médium que sempre foi uma mulher que gostava de falar mal das pessoas, e que teve sua personalidade modificada com os estudos sistematizados do centro espírita, e logo seria liberada dos estudos, mas acabou sendo vítima de uma poderosa obsessora que se aproximou da vida dela e a usou, reacendendo, dentro dela, o que ela sempre gostou de fazer… resultado: fofoca, discórdia, mentira, e tudo o que estamos acostumados a acender dentro dos mais imperfeitos, que lotam as fileiras mediúnicas de um centro espírita.

Entretanto, eles se esqueceram de que nós, obsessores, não imputamos nada a ninguém, nós simplesmente usamos o que você já tem adormecido dentro de você para atingirmos os nossos objetivos.

– Técnica antiga.

– Mas é a que mais faz efeito nos encarnados. Nada se cria, nós somente reacendemos em você o que você é, o que os seus mentores se dedicaram a apagar temporariamente, ou que tentaram, após muita dedicação, modificar.

– E tudo isso se deu, após o afastamento da diretora espiritual?

– Exatamente.

– Estão enganados os que imaginam que os espíritos obsessores não têm acesso à casa espírita, com o objetivo de influenciar os médiuns que nela trabalham. Os espíritos, como você sabe, Samuel, têm acesso a qualquer lugar ao qual se sintam atraídos, tanto pelas atitudes de invigilância quanto pelos pensamentos infelizes daqueles que lhes ofereçam sintonia.

– E isso é o que mais tem aqui. Depois que Marta entregou o cargo e se afastou do centro espírita, decisões equivocadas e sem conhecimento facilitaram o acesso desses malditos a este lugar. As portas da obsessão foram abertas. Um centro espírita pode, perfeitamente, estar sob a direção espiritual de entidades não evangelizadas ou de espíritos que não tenham comprometimento algum com o Evangelho Maior. Diríamos até que, determinados núcleos espíritas, ou aqueles que se rotulam como tais, são verdadeiros quartéis-generais de espíritos inimigos do espiritismo; são entidades pseudossábias e sofistas, cuja única preocupação é a de estabelecer a cizânia.

– Você acaba de chegar nesse lugar, Eudes.

– Samuel, na casa espírita em que predominarem os bons sentimentos de seus frequentadores, de seu corpo mediúnico e de todos os envolvidos, e na qual o desejo do bem e o estudo sistematizado forem frequentes, os espíritos obsessores não terão acesso. Poderão até, como na maioria das vezes acontece, mover-lhe uma perseguição externa, na tentativa de atingi-la indiretamente, mas não conseguirão varar o bloqueio natural que a preserva do assédio direto das trevas.

No centro espírita, existem pontos sobre os quais os seus dirigentes carecem de exercer uma maior vigilância. Já tivemos oportunidade de nos referir aos perigos de uma reunião de desobsessão desorganizada, levada a efeito sem os devidos cuidados doutrinários. Outra atividade, todavia, que pode dar margem a muitas perturbações ao grupo é justamente a relacionada ao passe. Como percebemos, é sempre uma tarefa ligada ao exercício da mediunidade.

– É verdade, Eudes.

– Na cabina de passe, nas salas de cura, em correntes de oração ou, até mesmo, nos centros cirúrgicos instalados em algumas unidades espíritas pelo plano maior, os médiuns carecem de estar sempre atentos, cooperando com a vigilância uns dos outros. Costuma ser ali que, espíritos obsessores, valendo-se da proximidade física das pessoas, encontram facilidade para se insinuarem com pensamentos maledicentes.

Nada, por exemplo, de um médium atender sozinho no passe a uma pessoa do sexo oposto, ou de sentir necessidade de tocar o corpo de quem está se beneficiando dos recursos terapêuticos dispensados no momento do passe. Nada, ainda, de dar passividade pela incorporação às entidades espirituais que, possivelmente, estarão acompanhando o assistido.

"A mediunidade legítima é sempre exercida com discrição."

Costuma ser no instante dos tratamentos espirituais, devido ao grande afluxo de encarnados na instituição, que os médiuns se fragilizam, e, a obsessão, não raro, pode começar a se instalar por um simples olhar invigilante. 'Orai e vigiai' é parte importante nesse processo. Disciplina, disciplina e disciplina. Ela é fonte inspiradora de modificação de caráter e de postura.

O médium, ainda algo personalista, querendo se prevalecer sobre os demais, não se contenta com a transmissão do passe que transmite, e, a todo momento, se sente tentado a falar supostos recados do 'Mais Além' àquele que está sendo assistido, fornecendo diagnósticos a respeito de enfermidades inexistentes, fazendo previsões absurdas, e descrevendo quadros da sua imaginação.

É o animismo se sobrepondo à mediunidade.

É o charlatanismo desestruturando o caráter da mediunidade e rebaixando a todos sem distinção.

São embusteiros valendo-se da boa vontade alheia, para exteriorizar o mau-caratismo de espíritos de baixa evolução.

É a mistificação que arrasa qualquer trabalho sério proposto por irmãos caridosos voltados ao bem.

Esses comportamentos necessitam ser combatidos para que, por exemplo, um médium de faculdades promissoras não extrapole. É durante os atendimentos que muitos médiuns começam a acalentar a ideia de um trabalho de cura só para si.

Quando o médium perde a simplicidade, sentimento de autodefesa que lhe garante imunidade contra a obsessão, ele se transfigura em intérprete da perturbação, sendo, na casa espírita, um problema de difícil solução. É fundamental que a diretoria espiritual do centro espírita esteja sempre atenta e vigilante aos primeiros sinais da interferência de obsessores nas reuniões mediúnicas.

Infelizmente, alguns centros prestam um desserviço ao espírito sem evolução, nos dando a impressão de que foram construídos apenas para atender a vaidade dos supostos médiuns que os edificaram, ou para ganhar dinheiro com a fragilidade alheia em nome dos espíritos.

Não somos contrários aos diretores reconhecidamente bem-intencionados e idealistas que permanecem por longo tempo nos cargos que ocupam. A causa espírita necessita dos que não renunciam aos seus deveres para com ela. Excesso de liberalidade doutrinária é tão prejudicial à casa espírita quanto aos regimes ditatoriais impostos por alguns diretores que anseiam por se perpetuarem nos postos de direção.

Por vezes, a renovação da diretoria é de vital importância para que a casa espírita se renove em suas atividades, com a descentralização do poder. No entanto, precisamos reconhecer que, por outro lado, muitos novos diretores costumam ser um desastre, pois, consentindo que o cargo lhes suba à cabeça, tomam atitudes arbitrárias e são elementos desagregadores. É o que está acontecendo aqui no momento.

– Verdade.

– Não se pode e, muito menos, se deve admitir em um núcleo espírita, a luta pelo poder. Jesus vos advertiu quanto aos perigos de uma casa dividida, afirmando que ela seria incapaz de se manter de pé.

– Seus conselhos são edificantes, Eudes.

– Samuel, nos centros espíritas de boa formação doutrinária, prevalecerá sempre o espírito de equipe; não se deve trabalhar em um centro espírita, com o desejo de aparecer, de reter as chaves da instituição no bolso, de modo que certas portas não sejam abertas sem a sua presença. Não se tecem comentários desairosos sobre os companheiros, como se, o que se pretendesse, fosse desestabilizá-los nas tarefas que permanecem sob a sua responsabilidade.

Os dirigentes de uma instituição espírita necessitam ter pulso firme, transparência nas decisões, fraternidade no trato para com todos, submetendo-se sempre à orientação da Doutrina. Pontos de vista estritamente pessoais não devem ter espaço no Movimento. Devem sempre ser exemplos para todos, embora, por vezes, seja difícil lutar contra as más inclinações e modificar-se todos os dias de forma que todo o grupo perceba seu esforço e dedicação.

Centros espíritas mal orientados passam para a comunidade uma imagem deturpada da missão dos espíritos. A divulgação do espiritismo começa pela fachada de uma casa espírita. Até o seu ambiente físico carece de ser acolhedor e iluminado. Construções suntuosas, muitas vezes, espiritualmente, estão vazias. Os centros espíritas devem ter a preocupação de serem a continuidade da casa de Jesus.

Deve ser lugar de amparo aos desvalidos e luz aos que vagueiam nas sombras, sempre, em nome do Senhor, de portas abertas à necessidade de quem quer que seja. Em um templo espírita, meu amigo, é indispensável a divisão de tarefas; muitos núcleos permanecem de portas fechadas na maioria dos dias da semana, porque seus dirigentes não sabem promover os companheiros.

O ciúme e o apego injustificável de muitos dirigentes acabam por deixar ocioso o espaço de uma casa espírita quase a semana inteira. Não vale a justificativa de que os seareiros sejam poucos. Cuide-se das atividades doutrinárias de base, da evangelização e da mocidade, e não se terá o problema de escassez de braços para o trabalho doutrinário.

Nos centros mal orientados, nos quais o campo de serviço é restrito, os Espíritos Superiores não têm muito o que fazer. Quanto mais numerosas, diversificadas e sérias as atividades de uma casa espírita, maior a tutela da Espiritualidade e maior a equipe dos desencarnados que com ela se dispõem a colaborar. Os dirigentes e os médiuns responderão pela omissão e pela arbitrariedade à frente de um núcleo espírita.

– Todos precisam prestar muita atenção em suas orientações, Eudes.

– Essa é a nossa tarefa, meu amigo. Há de se ter cautela na organização de uma tarefa ligada à desobsessão. Para tanto, o grupo dedicado a essa tarefa necessita estar bem estruturado, com um tempo mais ou menos longo de convivência entre os seus componentes. O estudo sério e metódico deve anteceder toda a prática mediúnica.

A reunião de desobsessão tanto pode ser útil ao equilíbrio do grupo quanto nociva à sua harmonização. Existem casas espíritas que começam a se desarticular, a partir da reunião mediúnica mal orientada, na qual predomina o personalismo dos médiuns e de seus dirigentes.

Convém todos serem informados de que os desencarnados apenas agem quando encontram campo de atuação. Os obsessores não podem ser responsabilizados diretamente pela desorganização que impera em um trabalho de natureza mediúnica, certo de que a influência desses, é a base que sustenta e implementa a desorganização.

Os integrantes de uma casa espírita não devem ser afoitos na instalação de uma reunião de socorro espiritual aos desencarnados. Semelhante atividade, para ser levada a efeito de maneira proveitosa, carece de recolhimento e seriedade. Quanto mais o médium se apague, mais a luz da mediunidade nele resplandecerá!

Infelizmente, companheiros existem que, mal informados, direcionam as tarefas mediúnicas que promovem, no sentido de atender os seus caprichos; digamos, promovem uma sessão de desobsessão particular, com o intuito de abordarem o Mundo Espiritual com seus questionamentos pessoais.

A reunião de desobsessão é onde o espírita tem a oportunidade de praticar a mais legítima caridade; nada de indagações ao espírito comunicante, exigindo provas de autenticidade, nada de perguntar a ele sobre a vida de outros confrades, valendo-se da oportunidade para saber de terceiros mais do que deve.

A tarefa mediúnica necessita de ordem, disciplina, e sinceridade de propósitos. Se a intenção dos médiuns não for boa, breve estarão à mercê de espíritos que os fascinem, mostrando-se completamente refratários às orientações que recebam em advertência.

Atividades mediúnicas sérias solicitam especialização e estudo, ou seja, em alguns templos espíritas, a reunião de assistência espiritual aos desencarnados mistura-se às chamadas reuniões de cura, ou, ainda, dedica-se, registrando a palavras dos espíritos, a solucionar problemas de ordem interna.

A reunião de desobsessão é organizada com o propósito de auxiliar no esclarecimento dos espíritos infelizes, ainda apegados a questões materiais, e não para submeter as entidades comunicantes a injustificável interrogatório. Quando a reunião não tem bases sólidas, dá margem a inúmeras mistificações, ensejando que medianeiros desavisados tomem este ou aquele partido.

A faculdade mediúnica não pode ser direcionada para o interesse particular de quem quer que seja, incluindo o do médium. Quando tal acontece, ela perde o que lhe confere maior credibilidade, a espontaneidade. A casa espírita não deve priorizar atividades mediúnicas, em detrimento das tarefas doutrinárias de esclarecimento público, mesmo porque, as reuniões consagradas ao estudo da Doutrina se constituem em genuínas sessões de desobsessão ao obrarem com base na evangelização de encarnados e desencarnados.

A obsessão é um envolvimento psíquico: o que o obsidiado escuta, o obsessor registra. Ninguém sai de um processo obsessivo, sem que se decida pela reforma interior. Não adianta afastar o obsessor da vítima, sem que a vítima tome a decisão de romper com o obsessor.

Tudo isso precisa ser explicado claramente para todos os que estão envolvidos direta ou indiretamente com os espíritos. Essa relação precisa de cuidados, digo até de cuidados especiais, pois se trata de interação entre espíritos de dimensões diferentes, que requer equilíbrio e conhecimento do ato a praticar.

– Pois, aqui, tudo mudou depois que Marta e Solange se afastaram. Abriram-se muitas portas que facilitaram a entrada desses inimigos do bem.

Primeiro, foi retirada a obrigatoriedade de trazer a roupa de trabalho para ser usada somente nas salas de atendimento, facilitando, assim, que os obsessores coloquem fluidos nos tecidos das roupas das pessoas ao caminharem pelas ruas, ônibus ou veículos. Fluidos esses que, somatizados a outros trazidos de outras formas, permitem aos obsessores manipularem os mesmos nas salas de atendimento, quebrando, assim, as barreiras fluídicas protetivas que impediam a entrada de energias e de obsessores.

Depois, para piorar a situação, o novo dirigente desobrigou os médiuns do jejum de carnes, esquecendo-se de que é primordial que, ao se alimentar antes do trabalho com as energias sutis, o medianeiro deve estar em perfeita harmonia energética, já que, ao ser morto, o animal descarrega em todo o corpo uma energia maléfica aos espíritos.

Meninos e meninas não devem trabalhar no mesmo ambiente nos centros espíritas, por se tratar de espíritos com vibrações diferentes, então, meninos só devem atender meninos, e meninas atender meninas. Isso é o correto, e é o que se fazia aqui antes desses malfazejos assumirem o poder. Ainda por cima, por influência obsessiva, também se liberou o estudo, ou seja, estuda quem quer... mas como desenvolver uma mediunidade sem estudo?

Depois, meu querido Eudes, modificaram todas as preces trazidas pelos mentores espirituais fundadores desse projeto de amor, quebrando, com isso, todo fluido deixado através da prece sincera nas paredes das salas de atendimento, fragilizando, ainda, as estruturas sutis angelicais, que só a prece sincera é capaz de irradiar sobre o ambiente espírita.

Cursos, seminários... tudo isso foi deixado de lado, prejudicando ainda mais a presença dos benfeitores espirituais, e facilitando o acesso a sentimentos, pensamentos, e ideologias adormecidas, através da conscientização celestial inserida na alma em momentos de vibração cósmica integrativa a todos os seres encarnados.

Logo, deixou-se de lado também a obrigatoriedade do pagamento de mensalidades, essas revertidas para manter os projetos sociais e a própria instituição; isso implantado por obsessores que sabem que o desequilíbrio financeiro em qualquer instituição é desastroso.

Ainda, assim, se desobrigou o corpo mediúnico de uma escala para a organização dos trabalhos, o que facilitou o trabalho dos obsessores fora da casa espírita. Sabemos que é durante as noites de bebedeira de alguns médiuns, durante os churrascos fora de ocasião, e nas festas com fumo e bebida antes dos trabalhos mediúnicos, que tais atitudes tornam-se sintonia perfeita para os processos de obsessão.

E, por fim, pasme, meu amigo… qualquer médium pode trabalhar aqui, sem mesmo comprovar a sua mediunidade, transformando a casa espírita em um verdadeiro festival de loucos. Resultado: caos, brigas, discórdias, ciúmes, fofocas, indignações, traição, desprezo, ingratidões, além, é claro, da falta de amor ao próximo. Este anda sumido daqui.

– Quer dizer que, em pouco tempo, eles conseguiram destruir este centro espírita?

– Exatamente.

– E o que você fez?

– Nada. Estou aqui à espera do Xamã. Esqueceu?

– Pois tenho algo a te mostrar.

– Onde?

– Venha comigo – disse Eudes.

Naquele momento, fomos levados de volta às Trevas para um encontro com Alexandre, que nos aguardava em sua cabana.

Após ver tudo o que eu vi, confesso a vocês que refleti muito a respeito do centro espírita em que trabalho. E, logo que acabar esta psicografia, vou me reunir com a direção para modificarmos algumas coisas.

Não que estejamos fazendo algo alheio aos ensinamentos mencionados; é apenas para mostrar a todos que muitas das minhas decisões que, por vezes, são incompreendidas por alguns membros, na verdade, agora, são a prova de que sempre fomos guiados e orientados pelos nossos mentores, pois, muitas das coisas que vi acontecerem nesse centro espírita, não dei brecha para que se instalassem na casa à qual estou com o cargo de presidente. E isso me causou algumas noites de insônia…

Quantas vezes fomos tentados a fazer o que foi relatado aqui? Quantas vezes estivemos à porta da desgraça? Porém, agora, reconheço e agradeço aos meus mentores, pois fui tentado, mas nunca me deixei levar por pensamentos que poderiam ter modificado a forma na qual trabalhamos em nosso hospital espiritual.

Quantas pessoas saíram do nosso lado abandonando a oportunidade evolutiva apresentada pelos seus mentores? Agora, enxergo que, na verdade, foi livramento, e não separação.

Sou eternamente grato à espiritualidade que nos acompanha.

Obrigado, meus amigos…

“

*Deus não escolhe os capacitados. Deus capacita os escolhidos.*

”

Osmar Barbosa

# O encontro

Rapidamente, chegamos às Trevas. E lá estava ele, mais uma vez. Lá estava Alexandre, sentado em seu lugar nos esperando.

– Sejam bem-vindos, meus amigos! – disse ele nos saudando.

– Prazer em revê-lo, Alexandre! – disse Eudes.

– Olá, Samuel!

– Como está, meu mestre?

– Confesso que estou ansioso para este encontro. Sentem-se – disse Alexandre indicando duas cadeiras à sua frente.

Samuel e Eudes se sentaram à espera do diálogo.

– Meus amigos, temos que esperar um pouco.

– Temos todo tempo, Alexandre – disse Eudes.

– Estamos esperando alguém? – perguntou Samuel.

– Sim, mas ele não vai demorar. Querem algo?

– Não, obrigado! – disse Samuel.

Suaves batidas foram ouvidas na porta.

– Entre! A porta está aberta.

Para a nossa grata satisfação, Lucas acabara de chegar.

– Olá, meus amigos! – disse o iluminado mentor espiritual.

– Seja bem-vindo, Lucas! – disse Alexandre lhe indicando uma cadeira.

– Como estão todos? – perguntou Lucas.

– Estamos bem – disse Eudes.

– E você, Samuel, como está?

– Estou meio confuso, mas, diante das revelações atuais, estou bem, Lucas.

– Por que estás confuso?

– Passei dezoito anos da minha existência estudando e treinando os processos obsessivos para me vingar do espírito que tanto mal fez a mim e à minha família. Depois, fui levado a um centro espírita para observar ser colocado na prática tudo o que aprendi, e não me interessei em defender ou interferir no que ao meu redor acontecia, embora desconfiado de que, talvez, se eu tivesse interferido em alguma coisa, o Xamã pudesse ter aparecido para defendê-los, mas, mesmo assim, não senti vontade de fazer isso ou mesmo fui intuído a fazer. Me senti e ainda me sinto perdido, sem nada entender.

– O que você gostaria de entender, Samuel? – perguntou Alexandre.

– Primeiro, gostaria de saber por que fui levado àquele lugar? E, segundo, cadê quem procuro? O que você tinha me informado era de que você havia montado uma estratégia para atrair o Xamã, mas ele sequer apareceu.

– Uma resposta de cada vez – disse Alexandre.

Eudes tomou a palavra.

– Se me permites, Alexandre?

– Fique à vontade, Eudes.

– Foste levado àquele centro espírita para ver, na prática, tudo o que aprendestes no período em que esteve aqui estudando sobre os processos obsessivos, e, a partir da observação, tornar-se melhor nos conhecimentos adquiridos.

Nesse momento, Lucas começou a falar.

– Quanto ao seu desafeto, Samuel... hoje, ele lidera uma das maiores falanges de obsessores que trabalham sobre o orbe terreno, no intuito de destruir os centros espíritas, como já lhe foi informado. Seu nome atual é Salazar. Poderosíssimo, ele vem atrapalhando demais a religião espírita recém-chegada ao orbe terreno.

Há muito tempo, eu pedi pessoalmente ao Alexandre para que preparássemos um grupo capaz de combatê-lo.

O que vem sendo feito, desde então. Acontece que, por ter uma experiência muito negativa com Salazar, você é o nosso escolhido para combatê-lo em seu campo de batalha. Alimentamos a esperança de que tudo o que você aprendeu possa anular todas as forças de Salazar e frear, finalmente, o mal que ele tem feito ao espiritismo.

Naquele instante, vi os olhos de Samuel brilharem.

– Eu mesmo estou no encalço dele há algumas dezenas de anos – disse Eudes.

– O que estamos esperando para pegá-lo, meus amigos?

– Pegá-lo não é tão simples como parece, Samuel.

– O que precisamos fazer, Alexandre?

– Precisamos minar suas forças.

– E como podemos fazer isso?

– Combatendo-o em seu território, como dissemos.

– E onde é o seu território?

– Nas casas espíritas. É lá que precisamos estar para termos êxito em nosso intento.

– Então, você está me dizendo que tudo o que eu aprendi até hoje, na verdade, foi uma preparação para encarar o meu inimigo de frente?

– Exatamente – disse Lucas.

– Você vem sendo preparado esse tempo todo por Alexandre, para ter a especialização da qual precisamos para anular Salazar.

– Por que não me disseram isso antes?

– Se soubesse disso antes, você teria continuado?

– Claro! Preciso vingar minha esposa e minha filha.

– Será a vingança a solução para dizimar todo o ódio que foi criado entre vocês durante todos esses anos?

– Não me venha com conselhos evangélicos, Lucas, por favor.

– Penso que a sua maior vitória será desarmar totalmente Salazar em seu campo de vitórias. Imagina só, você derrotando um dos maiores obsessores existentes na atualidade… como você se sentiria?

– Não estou preocupado em como vou me sentir, eu só tenho uma coisa em mente há muitos anos… destruir o Xamã, ou melhor, Salazar.

– Mas o mal só pode ser vencido com uma ação contrária, meu amigo.

– Vocês querem dizer que eu terei que fazer o bem anulando todo o mal que ele faz? É isso?

– Não existe outra forma de se combater o mal… – disse Lucas.

– Nisso, eu concordo plenamente com ele, Samuel – disse Eudes.

– Tudo o que te ensinei, meu jovem, você terá que usar ao contrário.

– Deixe-me te perguntar uma coisa, Alexandre?

– Sou todo ouvidos.

– Você sempre soube disso?

– Disso, o quê?

– De que eu seria treinado para combater Salazar, através do conhecimento da obsessão?

– Sim, sempre soube. E foi por isso que o treinei durante todo esse tempo.

– E por que não me falou nada?

– Se soubesse que estaria sendo treinado a fazer o mal para, na verdade, fazer o bem; ou fazer o bem para anular o mal, você continuaria? Tem certeza de que você não desistiria ou iria procurar outra forma de colocar em prática esse seu desejo de vingança?

– Pense bem antes de responder – orientou Eudes.

– O ódio cega os que não estão preparados para perdoar – disse Lucas, serenamente.

– Nem sei o que dizer, senhores, vocês me surpreenderam.

– Você não tem que dizer nada. Você só precisa relembrar tudo o que te ensinamos, e se preparar para a batalha.

– Estou remoendo esse ódio em meu coração já há muitos anos. Por que ele fez o que fez comigo e com a minha menina? Nós não merecíamos isso. Agora, após anos de treinamentos dedicados a aprender a como destruir alguém, vocês querem me convencer de que tenho que fazer o bem, para atrair aquele que desejo me vingar? Será o bem uma ferramenta para o mal? Vocês conseguem imaginar, senhores, como me sinto?

– Queremos te dizer uma coisa, Samuel.

– Pois digam.

– Estaremos ao seu lado no instante da batalha – disse Alexandre.

– Será mesmo, senhores, que estou preparado para duelar com o meu inimigo em seu território?

– Acreditamos que tudo o que tens vivido nesses últimos meses seja o aprimoramento necessário para a batalha.

– E você, Eudes, quem és em minha vida? Você me levou àquele centro espírita, e lá me deixou... o que vocês têm a ver com a minha vida? De onde surgiram? Por que estão se metendo na minha vingança?

– Samuel, tenha calma – disse Alexandre.

– Só gostaria de saber o que esse irmão tem a ver com a minha história, com o meu passado? Quem são vocês, senhores? Por que você e o Lucas se aproximaram de mim para me ajudar?

– Para podermos te explicar isso, Samuel, é necessário termos seu voto de confiança.

– Voto de confiança? Por quê? Por que daria aos senhores um voto de confiança, se mal os conheço?

– Senhores, acho melhor irem para o centro espírita... vejam! – disse Alexandre abrindo uma tela na qual era possível ver uma sessão espírita sendo totalmente dominada por obsessores, no lugar onde Samuel ficou por alguns meses.

Todos estavam muito assustados com o que viam.

– Chegou a hora, Samuel! Salazar está sendo aguardado. Se queres mesmo se vingar, chegou a hora.

Imediatamente, Samuel se colocou de pé. Estava preparado para ir ao centro espírita.

– Vamos, senhores? – disse Samuel, ansioso.

– Tem certeza de que precisa de nós, Samuel? – perguntou Eudes.

Lucas olhou para Samuel com o mesmo ar de espanto.

– Mas não foram os senhores que me treinaram para este dia? Por que agora não me acompanhariam? Vocês me disseram ainda há pouco que estariam ao meu lado…

– Iremos com você! – disse Alexandre se levantando.

– Mantenha o foco, Samuel, estaremos ao seu lado – disse Eudes.

– Conte comigo, Samuel! – disse Lucas.

Naquele momento, todos fomos levados de volta ao centro espírita.

“

*Deus dá aos seus melhores soldados, as mais difíceis batalhas.*

”

*Daniel*

# O grande dia

Sem perceber, Samuel estava sendo conduzido a fazer o bem àquela comunidade de espíritos tarefeiros do bem. Eles tinham sofrido um ataque muito bem planejado por Salazar para destruir toda aquela obra de caridade.

Rapidamente, todos chegaram ao centro espírita.

A festa regada à bebida, fumo e libertinagem, acontecia em um lugar onde nunca havia acontecido nada parecido antes. Eguns, quiumbas, malfazejos, e obsessores, influenciavam algumas pessoas – que fingiam ser médiuns – a beber, fumar, receber oferendas, e ainda dar consultas sem a presença de sequer um espírito de luz.

As trevas estavam instaladas.

Sem que os obsessores percebessem, envoltos em uma energia imperceptível a esses espíritos, Samuel, Alexandre, Lucas e Eudes adentraram o ambiente e se colocaram próximos ao púlpito.

– Olha, Samuel, como eles influenciam os poucos médiuns que ainda restam nessa casa.

– Como é possível que eles não percebam que estão sendo usados por entidades que não lhes fazem bem?

– São médiuns fracassados. Médiuns que nunca estudaram e que se deixaram levar pelo ego que contagia e ensoberbece o caráter ainda restrito desses espíritos. Colheram na vida espiritual lastimáveis frutos da semeadura infeliz – disse Alexandre.

– Veja aquele homem – mostrou Eudes, apontando para um rapaz que se esfregava em uma consulente e fingia estar incorporado com algum espírito sem que ela percebesse.

– Que *show* de horrores se tornou este centro. Um lugar que, ao chegar pela primeira vez, me encantou muito.

– O mal só se estabelece quando encontra brechas, Samuel – disse Lucas.

– Onde ele está?

– Ele quem?

– Salazar... onde está? Os senhores me disseram que ele estaria aqui.

– Ele está vindo, mas, antes, temos que te explicar algumas coisas – disse Alexandre.

– Pois expliquem.

– Você havia me perguntado quem era Eudes, certo?

– Sim. Gostaria de saber quem é Eudes.

– Vou apresentar os meus amigos a você da forma correta. Da maneira como eles merecem ser apresentados.

– Por favor!

– Lucas é um amigo de muito tempo. Ele trabalha nas regiões de sofrimento do Umbral. O trabalho do nobre instrutor visa receber os espíritos que, após o arrependimento sincero, são levados para a colônia espiritual Amor e Caridade, local onde o espírito recebe uma nova oportunidade, uma oportunidade evolutiva.

Em Amor e Caridade, o irmão desejoso de evolução passa a frequentar as escolas instrutivas, os cursos evolutivos, e também as oficinas, com o objetivo de aprender e de se especializar para, depois, trabalhar nas searas do bem, que estão espalhadas sobre o orbe terreno. Dependendo da evolução do iniciado, também é possível ascender aos planos superiores, e, além de reencontrar os familiares que já se foram há algum tempo, ainda poderá melhorar sua condição espiritual no processo evolutivo.

– Então, o Lucas é um mentor espiritual da luz, é isso?

– Pode-se dizer que é isso também.

– E o Eudes?

– Sou o mentor espiritual de Adele, Samuel.

Percebi, naquele instante, que algumas lágrimas visitaram os olhos de Samuel, mesmo sempre tendo se mostrado insensível.

– Mentor da minha filha? Como assim?

– Estamos ligados há muitas vidas. Você, Adele, Sophia e eu.

– E você não fez nada para protegê-la naquele dia?

– Eu estava lá.

– E deixou que aquele miserável fizesse o que fez com ela?

– Eu nada pude fazer… olhe agora para o salão, Samuel.

Naquele instante, Salazar apareceu.

Alto, forte e vestido de preto, ele foi saudado por todos que estavam naquele verdadeiro bordel espiritual.

O ódio tomou conta de Samuel que, enfurecido, olhava para Salazar com os olhos esbugalhados de rancor.

– Desgraçado! – xingou. Chegou o meu momento, amigos.

Com um gesto rápido e preciso, Samuel pulou no meio de todos.

– Desgraçado, enfim te achei! – esbravejou.

Alguns obsessores se puseram à frente de Salazar para protegê-lo.

Assustado com a presença de Samuel, Salazar tentou disfarçar.

– Hoje você não escapa de mim, seu miserável!

– Olha se não é o Samuel… – disse Salazar, em tom irônico.

– Sou eu mesmo, seu desgraçado. Hoje você me paga!

– Pagar o quê, seu idiota?

– Tudo o que fez a mim e à minha família.

Salazar soltou uma gargalhada.

Todos gargalharam com ele.

– Você foi e sempre será inferior a mim, Samuel.

– Pois saiba que estou preparado para a batalha.

– Batalha? Que batalha? Essa a qual você me vê fazer aqui? Você acha mesmo que consegue defender esse bando de idiotas? Você acha que esse bando de marionetes que manipulo com facilidade vai conseguir me atingir?

– Vou anular suas forças.

– Com o quê? Com quem? …

– Pois olhe…

Naquele momento, com a força do pensamento, Samuel desintegrou todos os obsessores que estavam no ambiente.

Todos sumiram, só restando Samuel e Salazar.

– Pelo visto, você andou se preparando…

– Como disse, vou te destruir hoje.

– Achas mesmo que desintegrando esses infelizes, você vai me atingir? Fique sabendo que de onde vieram esses têm milhares a me servir. Sou um poderoso obsessor e vou te dar um conselho: é melhor você parar com esses truques primários e desaparecer daqui.

– Truques primários?

– Sim, truques primários. Veja...

Naquele instante, um grupo com mais de vinte obsessores reapareceu no salão.

Médiuns caídos ao chão eram socorridos pela assistência que nada entendia o que estava acontecendo. Seus olhos mediúnicos não eram capazes de observar ou de sequer sentir a energia maléfica que havia tomado conta do lugar.

Um forte temporal começou do lado de fora do centro espírita. Raios, trovões, e uma chuva muito forte. Todos, nervosos, tentavam se abrigar no salão.

A confusão se instalou.

– Esses são os meus aliados – disse Salazar.

Samuel se concentrou e, novamente, conseguiu desintegrar todas aquelas estruturas maléficas criadas por Salazar, que até pareciam ser espíritos, mas eram eguns e quiumbas, todos a serviço de Salazar.

– Eguns e quiumbas... derrotarei quantos mais você trouxer, Salazar.

– Pois saiba que tenho uma surpresinha para você, Samuel.

De repente, a porta principal do centro se abriu e, para a surpresa de todos, Solange e Marta adentraram no lugar.

Aterrorizada com aquela cena, Marta falou com voz firme:

– Mas o que é isso?!... O que vocês fizeram aqui, Jofre?

– Mudamos o centro espírita para melhor. E vocês já não fazem mais parte desta casa – disse o diretor, em sintonia com Salazar.

Enfurecida e auxiliada por Eudes, Marta cresceu na frente de todos.

– Ponham-se daqui para fora! Todos vocês... agora! – ordenou a jovem, que mais parecia um soldado romano.

– Ninguém sai! – replicou Jofre.

Foi quando Samuel, com seu poder possessivo, instruiu todas as mentes presentes a deixarem o lugar com temor a Marta.

O sentimento de medo se instalou e, um a um, todos começaram a deixar o lugar.

– Saiam daqui, seus infelizes! – ordenava Marta, ao lado de Solange.

– É isso mesmo, saiam todos daqui! – reforçou Solange.

O ambiente foi se esvaziando.

Salazar olhou para Alexandre que, naquele momento, se deixou ser visto.

Lucas se aproximou.

Eudes tomou à frente de Marta e Solange.

– O que você faz aqui, Alexandre?

– Estou assistindo à sua derrota, Salazar.

– Se pensas que vai me vencer mais uma vez, Lucas, estás enganado – disse Salazar olhando fixamente para Lucas.

– Seu tempo de maldades chegou ao fim, Salazar. Não vamos mais permitir esses seus ataques aos centros espíritas que estejam sob a nossa proteção.

– Sou mais forte que todos vocês juntos.

– Não precisamos medir forças... basta apenas que você aceite a sua derrota e siga para as Trevas com o Alexandre – disse Eudes.

– Jamais farei isso.

– Samuel?

– Sim, Lucas.

– Venha até aqui e fique ao meu lado.

Obedecendo ao Lucas, Samuel caminhou em sua direção. Ele estava ao lado de Eudes, e muito próximo de Solange e Marta.

– Tenha muita calma com o que irei te revelar agora.

– Certo, Lucas.

– Olhe para Marta e Solange.

– Estou olhando.

– O que você vê?

– Uma jovem, e sua mãe. As duas são espíritos muitíssimo iluminados.

Alexandre se aproximou de todos.

– Olhe, agora, com atenção o que vamos te mostrar – disse Eudes.

Naquele instante, vimos Marta e Solange mudarem suas aparências perispirituais.

Samuel caiu de joelhos ao chão em lágrimas profundas. Vimos, à nossa frente, Adele e Sophia.

– Meu Deus! – disse Samuel.

Salazar perdeu suas forças e também caiu de joelhos, como se tivesse recebido uma carga muito forte em seu peito, desmontando todas as suas estruturas espirituais.

Salazar parecia agora um moribundo. Caído ao chão, à espera de socorro.

Todos os eguns, quiumbas, e demais obsessores, deixaram o lugar carregados por soldados romanos que surgiram com a chegada de Marta e Solange.

Samuel chorava compulsivamente.

Lucas, então, o abraçou, colocando-o de pé novamente.

– Meu Deus! Eu não sabia que eram elas.

– Agora, sua filha e sua esposa estão encarnadas e dedicadas ao amor ao próximo. Graças à sua perseverança e à sua dedicação, derrotastes Salazar. Ele será levado por Alexandre para as Trevas, e lá serão destruídas todas as iniciações maléficas adquiridas por ele, inclusive, apagando-as totalmente de sua mente. Após isso, Salazar passará um grande período de tempo trabalhando para se melhorar. E, para você, Samuel, temos uma nova oportunidade.

– Qual?

– Irá comigo para a colônia espiritual Amor e Caridade. Lá, irá estudar e se dedicar para evoluir.

– E a minha filha? E a minha esposa?

– Veja!

Naquele instante, Maria e Josafá se aproximaram de Samuel, sorrindo.

– Cuidaremos dela até o dia do reencontro – disse Maria.

– Fique em paz, Samuel. Aceite a proposta de Lucas e, quem sabe, um dia, você poderá nos ajudar aqui neste centro espírita.

– Poderei?

– Só depende de você – disse Eudes, sorrindo.

Alexandre e mais dois auxiliares se abaixaram e pegaram Salazar quase desmaiado. Colocado, então, em uma maca, foi levado para fora do centro espírita.

– Como conseguimos derrotar tão poderoso obsessor, Lucas?

– Com todo o amor que você e, só você, sente pela sua filha e pela sua esposa. O amor, Samuel, pode muita coisa, inclusive, afastar qualquer tipo de espírito que deseja fazer o mal. Somente implementando ações beneméritas e caridosas, é que os centros espíritas blindarão as estruturas físicas e espirituais das unidades de pronto atendimento espiritual.

– É assim que vocês chamam os centros espíritas?

– É assim que instituímos o amor.

– Posso beijar minha filha e minha esposa antes de irmos?

– Fique à vontade! – consentiu Maria.

Samuel, então, se aproximou de Adele e a beijou suavemente no rosto.

– Desculpa, filha...

Após beijar sua filha, ele se ajoelhou e abraçou as pernas de Sophia.

– Sempre te amei...

Alexandre olhou para todos e, ao lado de Eudes, se despediu. Eles deixaram o ambiente, agora, cheio de luzes emanadas por Maria e Josafá.

– Vamos, Samuel?

– Eu vou, vou, sim, recomeçar... um dia, quem sabe, eu consiga novamente me encontrar com os amores da minha vida.

– Só o amor pode tudo, Samuel.

– Confio em você, Lucas...

– Venha, vamos para a Colônia Espiritual Amor e Caridade.

– Antes, posso te dizer uma coisa?

– Claro que sim.

– Cuidem bem de suas vidas, pois, o que vivo agora, jamais imaginei viver. Sei que pode parecer loucura, aliás, quando cheguei à vida espiritual embebecido pelo ódio e com sede de vingança, fui acolhido com amor. Agora, entendo que tudo o que vivi até esse momento, está diretamente relacionado ao amor.

É o amor que liberta...

É o amor que compreende.

O amor é paciente, como pude ver e sentir, pois, se Alexandre não fosse amoroso e paciente comigo, dificilmente teria me tornado o que sou hoje. Agora, você me vê em um espelho, mas haverá o dia em que você verá e poderá sentir o amor que nos liberta, o amor que vem do incompreensível, mas que preenche todos os vazios do nosso coração.

– Obrigado, Lucas!

– Não agradeça, evolua...

– Antes de ir, Lucas, quero agradecer ao escritor deste livro que esteve ao meu lado por vários dias. Quero que todos saibam que, a história revelada nesta obra, é uma das muitas experiências que me tornaram o Rafael que sou hoje... que segue feliz ao lado do Lucas nas regiões de sofrimento do Umbral, auxiliando e amparando todos aqueles que desejam ser socorridos e acolhidos em Amor e Caridade.

Nos vemos em breve... Obrigado!

*Fim*

# A carta que você nunca leu...

*Olá, meus amigos e leitores...*

*Esta carta é para você que está passando por algum momento difícil em sua vida.*

*Quero te falar com sinceridade. Uma sinceridade que, talvez, você nunca tenha visto ou ouvido falar de alguém.*

*Sou um senhor de 64 anos. Já passei por tanta coisa nessa vida que, seu parasse para contar, teríamos que escrever mais uns três livros deste.*

*Mas, o que tenho a te dizer, é a carta que você nunca leu...*

*A carta que você nunca leu é aquela que quer te dizer que há algo maior que tudo o que podemos escrever, achar ou sentir.*

*Há algo grandioso, intangível e inimaginável na condição espiritual e humana em que nos encontramos.*

*A carta que você nunca leu é essa que quer te dizer que:*

*Deus te ama acima de tudo.*

*Deus deseja a sua felicidade acima de tudo.*

*Deus te quer feliz acima de tudo.*

*Deus quer te abraçar, te acolher, te orientar.*

*Pode ser que você demore a entender estas linhas, pois você pode estar passando por algo inexplicável, mas, é através das coisas incompreensíveis e inexplicáveis, que Ele vai mudando nossa história, nosso caminho.*

*A única certeza que desejo, sinceramente, que você tenha é a de que você não é algo. Você não é uma coisa...*

*Você é a "coisa" mais preciosa para Deus.*

*Ame-se e seja feliz...*

***Osmar Barbosa***

## *Outros títulos lançados por Osmar Barbosa*

Conheça outros livros psicografados por Osmar Barbosa. Procure nas melhores livrarias do ramo ou pelos sites de vendas na internet.

Acesse

www.bookespirita.com.br
www.compralivro.com.br

Cinco Dias no Umbral
OSMAR
BARBOSA
Pelo Espírito de Nina Brestonini

O Guardião da Luz
OSMAR
BARBOSA
Pelo Espírito de Daniel

OSMAR
BARBOSA
ANTES
QUE A
MORTE NOS
SEPARE

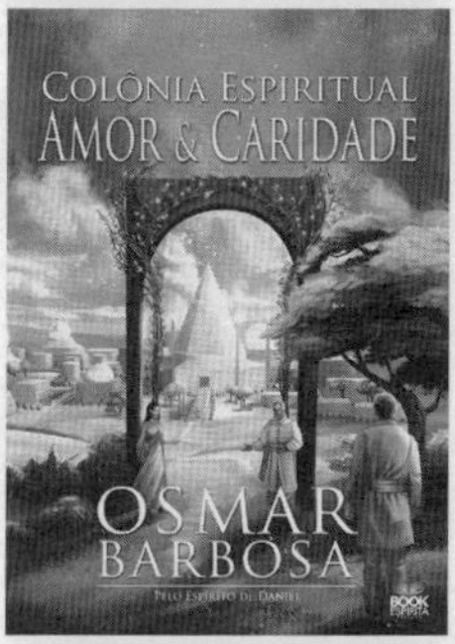
COLÔNIA ESPIRITUAL
AMOR & CARIDADE
OSMAR
BARBOSA
Pelo Espírito de Daniel

pelo Espírito NINA BRESTONINI
ONDAS
da Vida
OSMAR BARBOSA

A
BATALHA
DOS
ILUMINADOS
OSMAR
BARBOSA
Pelo Espírito Daniel

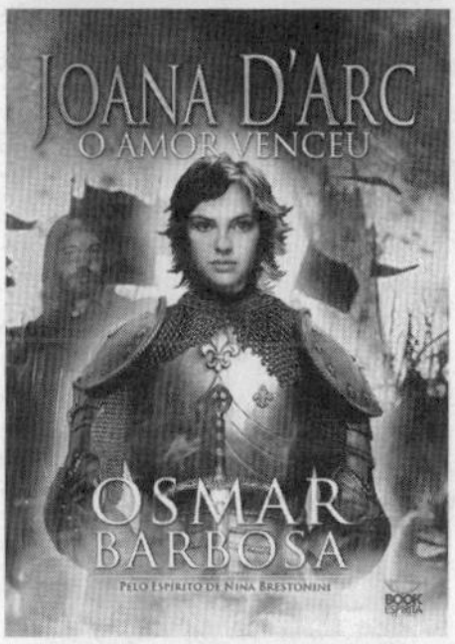
JOANA D'ARC
O AMOR VENCEU
OSMAR
BARBOSA
Pelo Espírito de Nina Brestonini

OSMAR
BARBOSA
Pelo Espírito de Nina Brestonini
ALÉM DO SER
A História de um Suicida

OSMAR
BARBOSA
Pelo Espírito Lucas
EU SOU
EXU

Osmar Barbosa
Pelo espírito Daniel
Orai
&
Vigiai

500
almas
OSMAR
BARBOSA
Pelo Espírito de Nina Brestonini

OSMAR
BARBOSA
Gitano
AS VIDAS DO
CIGANO RODRIGO

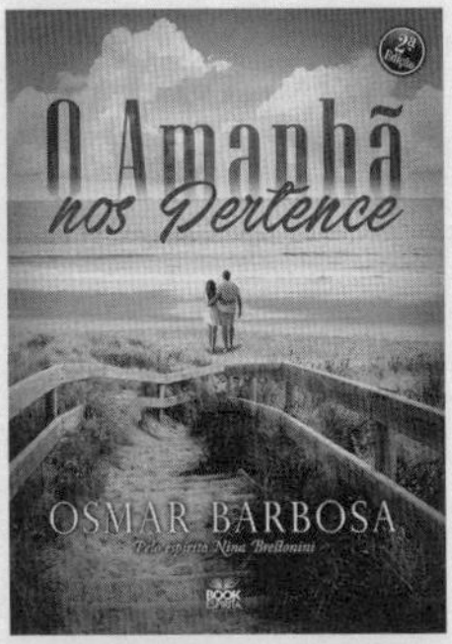
O Amanhã
nos Pertence
OSMAR BARBOSA

Mãe,
voltei!
OSMAR BARBOSA
PELO ESPÍRITO NINA BRESTONINI

Entre Nossas
Vidas
OSMAR
BARBOSA
PELO ESPÍRITO DE NINA BRESTONINI

O Lado
Azul da
Vida
OSMAR
BARBOSA

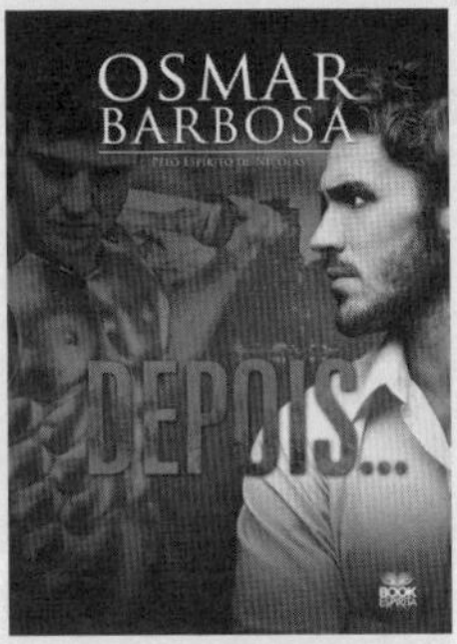
OSMAR
BARBOSA
DEPOIS...

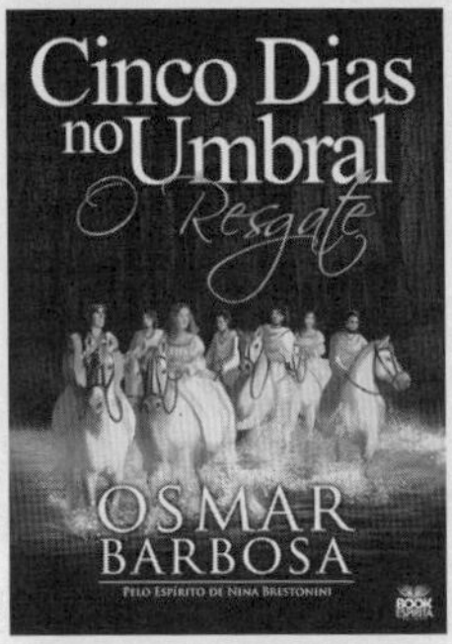
Cinco Dias
no Umbral
O Resgate
OSMAR
BARBOSA
PELO ESPÍRITO DE NINA BRESTONINI

O
LADO
OCULTO
DA
VIDA
OSMAR
BARBOSA
PELO ESPÍRITO DE DANIEL

Entrevista
com
Espíritos
Os Bastidores do Centro Espírita
por
OSMAR
BARBOSA

VINDE A MIM
O Evangelho no Lar
OSMAR
BARBOSA

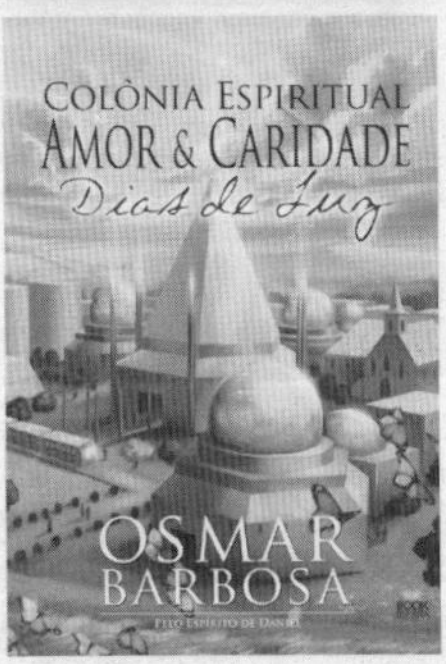
COLÔNIA ESPIRITUAL
AMOR & CARIDADE
Dias de Luz
OSMAR
BARBOSA

OSMAR
BARBOSA
Amigo
Fiel

IMPUROS
A Legião de Exus
OSMAR
BARBOSA
PELO ESPÍRITO DE LUCAS

O Médico de
DEUS
OSMAR
BARBOSA
Pelo Espírito de Nina Brestonini

AUTISMO
A ESCOLHA DE NICOLAS
OSMAR
BARBOSA

OSMAR
BARBOSA
Pelo Espírito de Nina Brestonini
Cinco Dias
no Umbral
O Perdão

UMBANDA
PARA
INICIANTES
OSMAR
BARBOSA

OSMAR BARBOSA
PARAFRASEANDO
CHICO
XAVIER
Seleção das mais belas frases
de Chico Xavier

pelo Espírito LUCAS
OBSESSOR
OSMAR BARBOSA

Acordei no
UMBRAL
OSMAR
BARBOSA
Pelo Espírito de Lucas

ROMANCE ESPÍRITA
A ROSA
DO CAIRO
OSMAR
BARBOSA
Pelo Espírito de Nina Brestonini

pelo Espírito JONAS
REGENERAÇÃO
UMA
NOVA
ERA
OSMAR BARBOSA

pelo Espírito NINA BRESTONINI
DEIXE-ME
Nascer
OSMAR BARBOSA

A
Vida
depois da
Morte
OSMAR BARBOSA
pelos Espíritos Nina Brestonini e Lucas

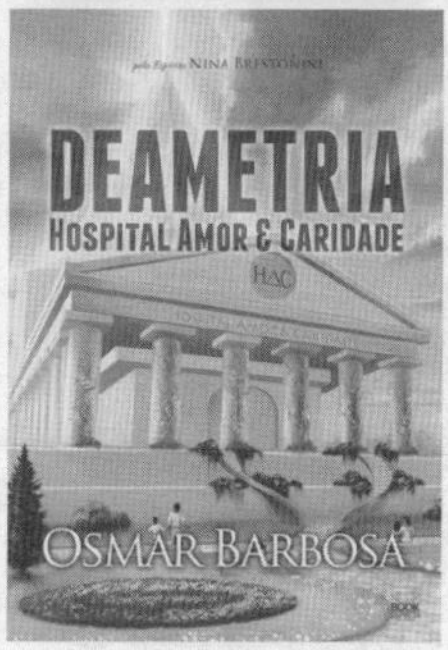
pelo Espírito NINA BRESTONINI
DEAMETRIA
HOSPITAL AMOR & CARIDADE
OSMAR BARBOSA

DEAMETRIA
A Desobsessão Modernizada
OSMAR BARBOSA

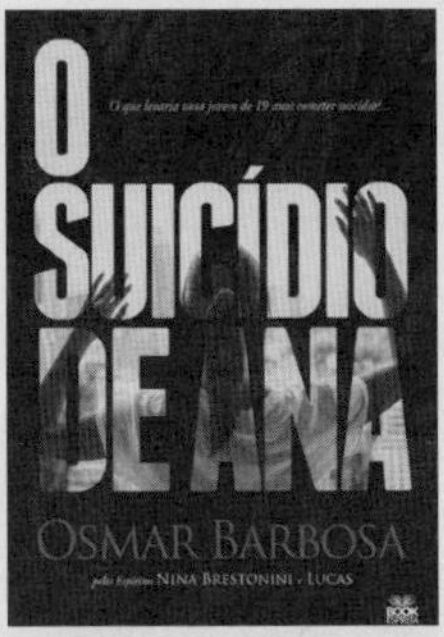
O SUICÍDIO DE ANA
OSMAR BARBOSA
NINA BRESTONINI - LUCAS

LUCAS
ACONTECEU NO UMBRAL
OSMAR BARBOSA

GUARDIÃO
EXU
OSMAR BARBOSA
LUCAS

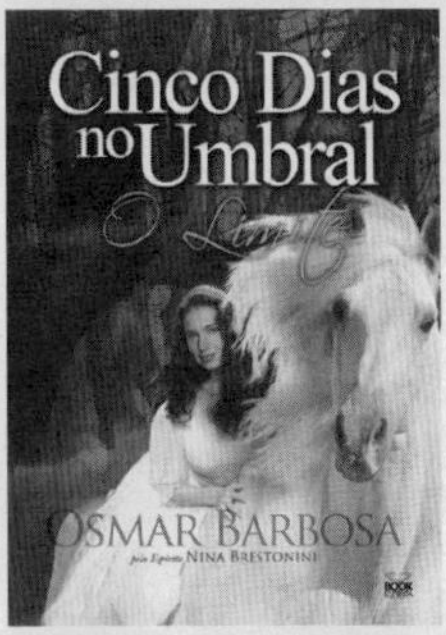
Cinco Dias no Umbral
OSMAR BARBOSA
NINA BRESTONINI

LUCAS
SUPERIOR TRIBUNAL ESPIRITUAL
A JUSTIÇA DIVINA
OSMAR BARBOSA

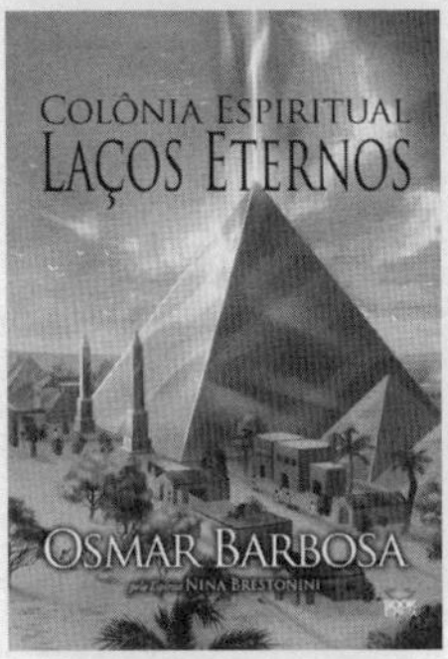
COLÔNIA ESPIRITUAL
LAÇOS ETERNOS
OSMAR BARBOSA
NINA BRESTONINI

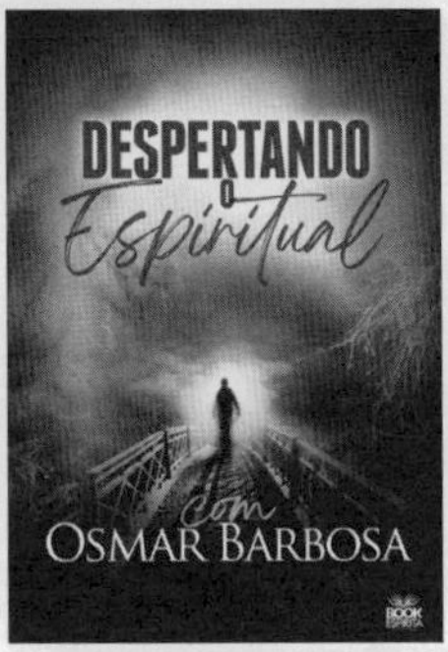
DESPERTANDO o Espiritual
com
OSMAR BARBOSA

LUCAS
UM ESPÍRITA NO UMBRAL
OSMAR BARBOSA

OSMAR BARBOSA
DIÁRIO
SUICIDA
LUCAS

Por que VOCÊ MORREU?
OSMAR BARBOSA
NINA BRESTONINI

EXILADOS DO PLANETA TERRA
OSMAR BARBOSA
LUCAS

BEM VINDO AO UMBRAL
OSMAR BARBOSA

OSMAR BARBOSA
O Diário de um MORTO

OSMAR BARBOSA
A GAROTA DO BALÃO

NINA BRESTONINI
O OUTRO LADO DA VIDA
OSMAR BARBOSA

Esta obra foi composta
na fonte Century751
No2 BT, corpo 13.
Rio de Janeiro, Brasil.